U0133837

HERMES

HERMES

经典与解释 三联丛编

刘小枫 主编

公开的密谋

[英]赫伯特·乔治·威尔斯 著

刘桂芝 译

生活·读书·新知 三联书店

图书在版编目（CIP）数据

公开的密谋/（英）赫伯特·乔治·威尔斯著；刘
桂芝译. —北京：生活·读书·新知三联书店，2024.3
（"经典与解释"三联丛编）
ISBN 978-7-108-07751-6

Ⅰ.①公… Ⅱ.①赫… ②刘… Ⅲ.①国际政治－研
究 Ⅳ.① D5

中国国家版本馆 CIP 数据核字 (2023) 第 244873 号

责任编辑	周玖龄
装帧设计	薛 宇
责任校对	常高峰
责任印制	李思佳
出版发行	**生活·讀書·新知** 三联书店
	（北京市东城区美术馆东街 22 号 100010）
网 址	www.sdxjpc.com
经 销	新华书店
印 刷	北京中科印刷有限公司
版 次	2024 年 3 月北京第 1 版
	2024 年 3 月北京第 1 次印刷
开 本	880 毫米 × 1092 毫米 1/32 印张 6
字 数	118 千字
印 数	0,001－4,000 册
定 价	59.00 元

（印装查询：01064002715；邮购查询：01084010542）

目　录

中译本说明
威尔斯及其"公开的密谋"

刘小枫

在我国读书界，科幻小说名家赫伯特·乔治·威尔斯（1866－1946，又译"韦尔斯""威尔士"）享有声誉已逾百年。早在1904年，商务印书馆编译所就翻译出版了他的《环游月球》。1915年，进步书局出版了留美商科进士杨锦森（1889－1916，字心一）翻译的《八十万年后之世界》和《火星与地球之战争》。在整个新文化运动时期，威尔斯的"科学寓意式小说"对我国各色新青年的吸引力持久不衰，"《新潮》《学术界》《文学周报》《小说月报》《东方杂志》等都刊载了有关威尔斯的文章"。[1] 从1919年至1949年，威尔斯的"盛名"在我国文化界"热"了足有三十年之久。

民国时期的新青年们并非没有注意到，威尔斯也是"写社会和政治问题的作家"。尽管如此，当时的新青年对威尔

---

[1] 陈娟，《威尔斯在现代中国的译介》，载于《新文学史料》2012年第1期，页152。

斯同样多产的政治作品的了解，既不完整也相当粗浅，其代表作《公开的密谋》没有受到重视就是显著例子。新中国诞生后，译成中文的威尔斯政治作品仅有《阴影中的俄罗斯》（*Russia in the Shadows*，中译本名为《俄罗斯之谜》）。中国青年出版社在1956年出版的《隐身人》是"文革"前的高中生最为喜爱的读物之一[1]，人们一直记得威尔斯的科幻作家身份，他的政治作家身份则逐渐被人淡忘。

1920年9月，新生的苏维埃政权尚处于危难之际，威尔斯曾以政治作家的身份前往考察，在那里待了两个星期，还拜见了列宁。威尔斯本来以为，他将见到一个"喜欢教训人"的"马克思主义书呆子"，未料列宁用"一口流利的英语"与他交谈，而且"讲得很快，津津有味，十分坦率，直截了当，没有任何矫揉造作的表现，就像一个真正的学者讲话一样"。《阴影中的俄罗斯》出版后，列宁马上就读了，还不时"在书上做了非常惹人注目的眉批"。威尔斯也许希望美国能出手援助处境艰难的俄罗斯合众国，毕竟两者有相同的历史抱负，他在书中写道，"美利坚合众国是唯一可以扮演在最后关头出现的救星角色的大国"——列宁在这句话下面画了两条横线。令人费解的是，作为"敢于设想星际飞行的幻想小说家"，威尔斯竟然认为列宁的国家电气化计划

---

〔1〕　此书在1921年就有了中译本：威尔士，《人耶非耶》，定九、蔼庐译，上海：文明书局。

"陷进了乌托邦"。[1]

威尔斯既是科幻小说家，又是关切人类社会进步的政治作家，他的科幻小说与其政治作品有什么关系吗？或者说，其政治作品是否带有科幻品质呢？

一

1903年2月，时年37岁的威尔斯加入了乔治·萧伯纳（1856—1950，又译"肖伯纳"）等人发起的英国社会主义者团体费边社（Fabian Society）。一个月后，威尔斯在这个社团的聚会上发表了题为"关涉市政事业的科学行政管理区域问题"的演说。[2]威尔斯提出，技术统治的时代已经来临，应该基于科学技术的进步大力发展公共企业，推动社会改革，以解决困扰人类的种种政治弊端。威尔斯在晚年的《自传实验》（1934）中说，他的这次亮相演讲没有在听众中引起"丝毫动静，好像根本没有听过什么似的"。[3]其实，当时的费边社领袖人物悉尼·韦伯（Sidney

---

〔1〕 赫伯特·威尔斯，《俄罗斯之谜》，丛山译，北京：生活·读书·新知三联书店，1959，页iii、43—44、45—46、52。

〔2〕 原题为 "The Question of Scientific Administrative Areas in Relation to Municipal Undertakings"，作为附录收入《正在塑造中的人类》。详见 Edward R. Pease, *A History of the Fabian Society*, New York: E. P. Dutton & Co., 1916 / London：Frank Cass & Co. Ltd., third edition, 1963, p. 164。

〔3〕 韦尔斯，《韦尔斯自传》，方土人、林淡秋译，上海：光明书局，1936，页315—316（以下随文注页码，译文略有改动，不一一注明）。

J. Webb，1859—1947）和比阿特丽斯·韦伯（Beatrice Webb，1858—1943）夫妇对这次讲演印象深刻，他们后来起草的《大不列颠社会主义共和国宪法》（*A Constitution for the Socialist Commonwealth of Great Britain*，1920），某种程度上就来自威尔斯的启发。威尔斯在演讲中还呼吁费边社开展大规模宣传运动，"在世界上引起一场轰动"。由此可见，以写作科幻小说成名的威尔斯颇有自己的一套政治主张。[1]

费边社成立于1884年，威尔斯加入时，该社已有近20年历史。威尔斯入社后发表了一系列政治作品，诸如《正在塑造中的人类》（*Mankind in the Making*，1903）、《现代乌托邦》（*A Modern Utopia*，1905）、《代替旧世界的新世界》（*New Worlds for Old*，1908）——这本书据说是"在英国最有影响的社会主义宣传著作"。1906年元月，威尔斯在费边社发表短论《擦皮鞋者的悲惨境遇》（*This Misery of Boots*），强烈谴责资本主义生产制度，被费边社人士视为"对社会主义宣传最有影响的贡献之一"。[2]

---

〔1〕 玛格丽特·柯尔，《费边社史》，杜安夏、杜小敬译，北京：商务印书馆，1984，页121—123、126；G. D. H. 柯尔，《社会主义思想史·第三卷：第二国际（1889—1914）》，上册，何瑞丰译，北京：商务印书馆，1981，页229—230。

〔2〕 G. D. H. 柯尔，《社会主义思想史·第三卷：第二国际（1889—1914）》，上册，前揭，页216。亦参塞德尼·韦白（悉尼·韦伯），《〈费边论丛〉1920年版绪论》，见肖伯纳主编，《费边论丛》，袁绩藩、朱应庚、赵宗煜译，北京：生活·读书·新知三联书店，1958，页19。

在威尔斯的文字感召下，不少年轻人加入了费边社，并把他视为启蒙导师——威尔斯俨然成了费边社的新领袖。然而，1906年2月，威尔斯在费边社发表演说《费边社的错误》（Faults of the Fabian）批评社里的老同志后，情况就变了，尽管他的批评口吻十分友善。威尔斯抱怨社团规模太小而且很穷，应该调整政治路线，以形成更大声势。用威尔斯在回忆录中的话来说，费边社不仅仅追求"雅"，不想与金钱沾边，"更有意要把思想从金钱上面推开"，实在不明智（《韦尔斯自传》，页321）。[1]

在威尔斯的推动下，费边社成立了一个特别委员会，负责修改组织建制（发展地方分社）和社会政策，还准备大办刊物和出版书籍。改革措施让费边社成员有所增加，却招致社里老同志反弹——包括介绍威尔斯入社的萧伯纳。[2]威尔斯感觉到自己的改革面临来自老同志的强大阻力，而在萧伯纳看来，威尔斯虽然文才过人，但口才极差，不适合做社团魅力人物。威尔斯后来在自传中多少承认了这一点，他自嘲地写道：

> [我]讲演时结结巴巴，声音小得让人几乎听不见，通过一丛根本于事无补的胡须低头说话，讲演中常常很

---

〔1〕 比较 Edward R. Pease, *A History of the Fabian Society*, 前揭，pp. 165-166。

〔2〕 G. D. H. 柯尔，《社会主义思想史·第三卷：第二国际（1889—1914）》，上册，前揭，页213—214。

不明智地转换话题，时常纠正自己的话，好像在修改一份草稿。[1]

1909年，威尔斯退出费边社，开始单枪匹马去宣传自己的政治理想。

二

1926年，威尔斯发表了三卷本长篇小说《威廉·克利索德的世界：新天使小说》，长达797页。在威尔斯一生所写的小说中，要数这部篇幅最长。[2] 小说以虚构人物威廉·克利索德之口叙述，威尔斯仅仅在"扉页前的注释"中露面。其实，全书有近半篇幅在说教，而说教者正是戴着虚构人物面具的威尔斯。激发此书写作灵感的是"一战"后美国的繁荣景象，威尔斯借小说人物之口表达了诸多政治想象，但这并非是威尔斯逐渐转向"教喻叙事"的标志。[3] 毋宁说，威尔斯的政治作品几乎无不带有叙事文学色彩，颇有感染力，1905年的《现代乌托邦》就经常被人称为"小说"。

---

〔1〕 转引自玛格丽特·柯尔，《费边社史》，前揭，页127。威尔斯对自己的"大脑"特质的有趣描述，参见韦尔斯，《韦尔斯自传》，前揭，页19—30。

〔2〕 H.G. Wells, *The World of William Clissold: A Novel at a New Angle*, New York: George H. Doran, 1926.

〔3〕 David C. Smith, *H.G. Wells: Desperately Human: A Biography*, New Haven and London: Yale University Press, 1986, p.286.

小说叙事固然益于潜移默化，但也容易让所要传达的政治观念模糊不清。为了让人们更好地掌握《威廉·克利索德的世界》中的教喻，威尔斯以散文化文风撰写了简洁明快的《公开的密谋》，1928年出版，副标题为"一场世界革命的蓝图"（Blue Prints for a World Revolution）。[1] 按照这份想象中的蓝图，大西洋国家的各界领袖和组织者将凭靠科学技术的进步开展一场"在旧世界的混乱中帮助建立新世界"的革命——威尔斯称之为"一种无预谋和无组织的反叛"。威尔斯承认，这种"重新组织世界"的革命构想本是"乌托邦式的"想法。但是，在"苏联五年计划所带来的精神激励"下，世界各地已经有"成千上万的人都在沿着'公开的密谋'所预示的路径思考"，因此，"在我们目前危险和不和谐状态下去建立一个新世界的想法"不再是一种乌托邦（见本书，页9—10）。

　　其实，威尔斯的"世界革命蓝图"构想与俄国革命政权模仿美国建立合众国无关，而是基于他自己的费边社理想。在1905年的《现代乌托邦》中，威尔斯已经提出，费边社应该是一个凭靠技术进步促进人类繁荣的虔诚武士团。威尔斯相信，新型的科学家和企业界人士有能力把世界整顿得井井有条，只要用他的"意识形态"武装起来的武士们能形成一个领导世界的阶层，"现代的世界国家要完全实现""就是不可避免的了"（《韦尔斯自传》，页865—866）。当然，在

〔1〕　韦尔斯，《韦尔斯自传》，前揭，页987—991。

正统的费边社人士眼里，威尔斯的科技武士理想不过是想要"更加适合于可能具有种种奇想和怪癖的普通人"罢了。[1]

在威尔斯看来，要让"世界革命蓝图"成为现实，最为重要的是施行世界性教育。与费边社的老同志产生分歧后，威尔斯决意独立担负起教育世界的使命。按他自己的说法，要理解《公开的密谋》，需要先了解他的三本大著，即《世界史纲》、《生命之科学》和《人类的劳动、财富和幸福》，因为它们相当清楚地表明了人类如何为控制自己的思想而斗争，以及如何发现正确有效地使用自己的智力工具（参见本书，页13—14；比较《韦尔斯自传》，页951—957）。显然，威尔斯把自己的这三本书视为"世界革命蓝图"的基础教材，它们共同构成了威尔斯的教喻体系。

《生命之科学：当今关于生命及其可能性的知识概要》部头很大[2]，是威尔斯与生物学家尤利安·赫胥黎爵士（Sir Julian S. Huxley，1887—1975）合作的成果，后者是"达尔文的坚定追随者"即鼎鼎大名的《天演论》作者托马斯·赫胥黎（Thomas H. Huxley，1825—1895）的孙子。此书与《人

---

[1] G. D. H. 柯尔，《社会主义思想史·第三卷：第二国际（1889—1914）》，上册，前揭，页216。

[2] Herbert G. Wells, *The Science of Life: A Summary of Contemporary Knowledge about Life and its Possibilities*，三卷本，1930；中译本见：威尔斯，《生命之科学》，石沱（郭沫若）译，全三册，上海：商务印书馆，第一册，1934；第二册，1935；第三册，1949。重印本：H. G. 韦尔斯、P. G. 韦尔斯、鸠良·赫胥黎，《生命之科学》，上下册，郭沫若译，桂林：广西师范大学出版社，2003。

类的劳动、财富和幸福》（1931）都成于《公开的密谋》之后，真正为理解"世界革命蓝图"奠定基础的教材，其实是威尔斯在1920年出版的大著《世界史纲》（*The Outline of History*）。据威尔斯说，这部"对世界历史主要事实的大胆汇编和整理"，起因于第一次世界大战。当这场战争结束时，他发现人们无法解释这场战争是如何发生的以及它应该产生什么结果，于是着手重述世界历史，希望由此能"得出一些关于人类政治状况更有用的结论"。威尔斯故作谦虚地说，这部书写得"毫无艺术性和高雅性"，而且是在"相当匆忙和激动的状态下"完成的，但同时又说此书销量十年间达到300万册，这足以证明他与世界上"一大群各地的普通人拥有很多共同点，他们都想知道真相"（参见本书，页15）。[1]

这个"共同点"是什么呢？它对理解"公开的密谋"意义何在？

三

《世界史纲》面世时，在哥伦比亚大学攻读教育学的同盟会会员朱经农（1887—1951）即将结业回国，他读到此书后非常兴奋，马上撰文介绍给国内读书界，随即引起学界人

---

〔1〕 威尔斯的"一战体验"，参见韦尔斯，《韦尔斯自传》，前揭，页892—915。

士高度重视。[1]尚未到知天命之年的梁启超（1873—1929）让自己正在美国留学的儿子梁思成（1901—1972）着手翻译这部书，一则练习译笔，二则接受世界史的启蒙教育。译事历时五年，由于《世界史纲》篇幅太大，而梁思成功课又太忙，译者实际上先后有五位，校订者则多达十人，其中不乏当时的学界名流。《世界史纲》受到我国知识界何其隆重的对待，由此可见一斑。[2]

中译本在1927年问世（商务印书馆出版），时逢在美国芝加哥大学攻读世界史的雷海宗（1902—1962）获得哲学博士学位回国。年仅25岁的雷海宗随即撰写书评，称这部书"恐怕是近来外书译品中最无价值的"，若用它来教育中国的中学生和大学生，必贻害无穷。因为，威尔斯是"富有改造社会热诚的小说家"，世界大同是其"信仰的立脚点"，《世界史纲》不过是"鼓吹世界大同的一本小说杰作"，"本身无史学价值，我们不可把它当作史书介绍与比较易欺的国人"。[3]

雷海宗一语点出了威尔斯的政治理想——"世界大同主

<hr>

[1] 朱经农，《书评：威尔士的〈世界史大纲〉》，《新潮》1922年3卷2号，页41—49。

[2] 五位译者是：梁思成、向达、黄静渊、陈训恕、陈建民。十位校订者是：梁启超、秉志、竺可桢、任鸿隽、傅运森、徐则陵、何炳松、程瀛章、朱经农、王云五。详见陈娟，《威尔斯在现代中国的译介》，前揭，页154—155。

[3] 雷海宗，《书评：〈世界史纲〉》，见江沛、刘忠良编，《中国近代思想家文库：雷海宗·林同济卷》，北京：中国人民大学出版社，2014，页9。

义", 更为恰切的译法应该是"世界公民主义"。[1] 尽管有雷海宗如此毁灭性的评说, 但在随后短短五年间, 《世界史纲》仍然接连有了四个新的中译本。[2] 正当我国新青年捧读《世界史纲》之际, 日本入侵我国东北的战争行为打断了"世界大同梦"在我国的传播。直到时隔五十年后的改革开放之初（1982年）, 《世界史纲》才又有了全新的中译本, 而且是依据威尔斯自己离世前多次订正的版本（1971年版）移译。译者阵容与梁启超当年组织的译者队伍也不遑多让, 其中既有我国社会科学的奠基人, 也有著名小说家, 而且都有留洋经历。曾获得哈佛大学博士学位的世界史学家吴于廑（1913—1993）, 隆重推荐此书。[3]

威尔斯的《世界史纲》新译本在我国改革开放刚刚起步的历史时刻问世, 标志着我国的世界史通识教育回到了第一次世界大战之后的历史语境: 我们需要对世界敞开眼界。《世界史纲》的新译本再次接踵而出, 迄今已有不下五个新译本, 雷海宗的告诫消失在历史的烟尘中。随着我国在与国

---

[1] 详见 W. Warren Wagar, *H.G.Wells and the World State*, New Haven: Yale University Press, 1961, pp. 206-244; 比较 Christine Sypnowich, "Cosmopo-litans, Cosmopolitanism, and Human Flourishing", in Gillian Brock / Harry Brighouse (ed.), *The Political Philosophy of Cosmopolitanism*, New York: Cambridge University Press, 2005, pp. 55-73。

[2] 向达译本（1930）, 朱应会译本（1930）, 谢颂羔、陈德明译本（1931）及蔡慕晖、蔡希陶译本（1932）。

[3] 韦尔斯, 《世界史纲: 生物和人类的简明史》（第15版）, 吴文藻、谢冰心、费孝通等译, 北京: 人民出版社, 1982 / 桂林: 广西师范大学出版社, 2001/2015。

际接轨的开放式教育方面取得长足进展，"比较易欺的国人"已经不复存在，世界公民论的"普世价值"逐渐成为我们的新"常识"。

西方政治人不"易欺"，南太平洋的英联邦成员国政治人相信，如果"一战是理解20世纪历史的关键"，那么，人们有理由担心，一百年后的今天，"欧洲历史是否会在亚洲重演"：

> 如果中国真的在未来几十年里成为世界上最大的经济体，它将是自从乔治三世统治英国以来第一个获得这一地位的非西方、非盎格鲁-撒克逊、非英语和非西式民主国家。因此，如果有人认为中国在全球经济中的崛起不会对现有全球规则和秩序造成任何影响的话，那么只能说他的历史还没有学到家。在这种情况下，需要记住的是，欧洲和所谓的"西方"已经对亚洲——尤其是中国——造成了长期影响，而且这种影响在很大程度上是负面的。[1]

这位英联邦成员国政治人清楚知道《凡尔赛和约》对中国的欺辱，以及"中国共产党让中国有能力摆脱长达一个世纪的外侮——从19世纪40年代的鸦片战争一直到20世纪40

---

〔1〕陆克文，《1914年的欧洲给2014年的亚洲带来的启示：对一战爆发百年纪念的思考》，见理查德·罗斯克兰斯、史蒂文·米勒主编，《下一次大战？："一战"的根源及对中美关系的启示》，陈鑫、程晓译，北京：新华出版社，2016，页310，比较页301—303。

年代的日本侵华战争",但他没有提到朝鲜半岛战争,以及美国对新中国的长期封锁。在这种情况下,他对美国建立的战后全球规则和秩序的正当性不置一词,只能说他的历史还没有学到家。

21世纪初,研究东亚史的美国学者柯娇燕写过一本《什么是全球史》的小册子,据说在我国史学界很受欢迎。她在书中说道,科幻小说家威尔斯的《世界史纲》算得上是世界史书写的转折点或全球史的开山之作,因为他超越了国别史或区域史,面对"人类观念和经验的无穷变化",致力于提出"一种简单结构或因果关系的解释"。[1]这里所说的"简单结构或因果关系的解释",即指世界公民论的解释。

按照这种解释,世界史作为一门现代学科诞生于16至19世纪崛起时的欧洲民族国家,从而不可避免地带有民族国家史学的烙印:

> 进入20世纪以后,每一个民族国家的文化进化与政治解放,有时还伴随着其扩张和控制其他民族的能力,构成了一种原型故事,而所有历史叙述的结构都由这种原型故事所支配。大约在1850年至1950年之间,所有史学或多或少都是与单个民族国家在历史或地理上相关的多个民族国家的历史的汇编。这是威尔斯所担忧

---

[1] 柯娇燕,《什么是全球史》,刘文明译,北京:北京大学出版社,2009,页4。

的倾向，即担忧这种倾向会抑制个体读者洞察历史意义的能力。（柯娇燕，前揭，页6）

柯娇燕教授还说，全球史是"一项新兴事业，有一套明显不同的假设和问题"。但她没有明确说，威尔斯提供了怎样的"假设和问题"，也没有说这种"假设"从何而来（柯娇燕，前揭，页8）。我们在威尔斯的《世界史纲》中则可以读到：

文明在历史上是一件那么新颖的东西，在大部分的时间里它又是那么局限于一地的东西，以致它得征服和同化我们大部分人的本性来适应它的需要。我们中间多数人讨厌它的陈词滥调和繁文缛节，游牧的素质勃然而起。我们只是半心半意安家守业之人。我们血管里流着的血液既是在耕地上也是在草原上酿成的。[1]

我们那些"比较易欺的"中学生和大学生读到这样的句子已经不会再问："文明"是怎样一件"新颖的东西"，在世界历史的早期，它被"局限"在地球上的哪个地方，何时又开始"征服和同化我们大部分人的本性来适应它的需要"？我们的中学生和大学生已经相信：古代的中国没有"文明"，即便有

---

〔1〕 韦尔斯，《世界史纲：生物和人类的简明史》（第15版），吴文藻、谢冰心、费孝通等译，北京：人民出版社，1982，页789。

也是既封建又专制的文明，属于全球化来临之前的糟粕。

在芝加哥大学留学时，雷海宗的博士论文以"杜尔哥的政治思想"为题。按今天的学科划分，这个论题属于政治思想史而非世界史专业。难怪雷海宗看得很清楚，威尔斯的"世界大同"信仰并非什么新观念，它不过是法国启蒙运动时期的大才子杜尔哥（1727—1781）的"普遍历史"观的翻版。[1]

四

从专业角度讲，所谓威尔斯的《世界史纲》开创了全球史的说法并不可靠。以通俗散文撰写世界通史开启民智，威尔斯也算不上是第一人，伏尔泰的《论各民族的精神与风俗》才是通俗叙述的全球史开山之作。[2]

伏尔泰撰写世界通史意在回答这样一个问题：什么是"俗世的普遍性原理"（a profane principle of universality）？政治思想史家沃格林（1901—1985）告诉我们：

> 从伏尔泰开始，人们认识了这样一类人：他站在时

---

〔1〕 雷海宗，《雷海宗世界史文集》，王敦书编，天津：天津人民出版社，2014，页5—98；比较杜尔哥，《普遍历史两论大纲》，见刘小枫编，《从普遍历史到历史主义》，谭立铸、王师等译，北京：华夏出版社，2017，页99—118。

〔2〕 最初的书名是 *Essai sur l'histoire générale et sur les mœurs et l'esprit des nations*，1756年正式出版时，删掉了 sur l'histoire générale［论普遍历史］，仅剩下 Essai sur les mœurs et l'esprit des nations。

代之巅，也站在了人类文明之巅。他考察了不同时期、不同地域的人类知识。他也拥有令人惊讶的丰富知识，涉及物理学、哲学、公共事务乃至宗教问题。他增强着自己的智识能力和道德能力，以至于这些能力成为其他人的标准。[1]

从伏尔泰的下面这段说法中，我们已经可以看到世界公民论的萌芽：

一切与人性紧密相连的事物在世界各地都是相似的；而一切可能取决于习俗的事物则各不相同，如果相似，那是某种巧合。习俗的影响要比人性的影响更广泛，它涉及一切风尚，一切习惯，它使世界舞台呈现出多样性；而人性则在世界舞台上表现出一致性，它到处建立了为数不多的不变的基本原则：土地到处都一样，但是种植出来的果实不同。[2]

这里的所谓"人性"指人的自然性，而"习俗"则指带有道德要求的伦理规定。既然不同的民族或政治体有不同的

---

[1] 沃格林，《政治观念史（卷六）：革命与新科学》，谢华育译，贺晴川校，上海：华东师范大学出版社，2019，页62。

[2] 伏尔泰，《风俗论：论各民族的精神与风俗以及自查理曼至路易十三的历史》，谢戊申、邱公南等译，北京：商务印书馆，1997/2000/2013，下册，页532。

习俗，那么，世界公民论的政治诉求的关键便在于，用普遍一致的自然人性取代世界历史上"各不相同"的伦理规定。[1]

威尔斯与伏尔泰相隔一个半世纪。在此期间，自然科学的发展及其技术发明已经取得惊人的进步，他的"智识能力"也因此而有了划时代的提高，其科幻想象力让伏尔泰望尘莫及。尽管如此，威尔斯的"道德能力"却未见得有所提高。他仍然与伏尔泰保持着相同的精神水平：《世界史纲》与《论各民族的精神与风俗》都属于"世界大同"信仰的普遍历史叙述，都"梦想着一个同情（compassion）和人道的天堂"，尽管两者所依赖的自然科学实证知识已经不可同日而语。

> 威尔斯是最后一位百科全书派式的人，他是迟来的启蒙运动之子，甚至在战后欧洲这种不利的舆论氛围下，他仍保留了启蒙运动的信仰：进步、人性、科学，以及一切启蒙运动的那种乐观主义和天真。尽管他没有伏尔泰及其同时代人那种强烈的文人文化，但他有着相似的目标上的普遍性，而且有着思想综合与科学普及的同样天赋。[2]

---

[1] 比较 J. H. Brumfitt, *Voltaire: Historian*, Oxford : Oxford University Press, 1958, pp. 26–30, 76–84。

[2] 克里斯托弗·道森，《世界历史的动力》，武可译，上海：上海书店出版社，2022，页267。

伏尔泰迷恋现代物理学和数学，崇拜牛顿力学，威尔斯则是动物学和生物学的科班生，且自称是著名进化论生物学家托马斯·赫胥黎的"门生"（《韦尔斯自传》，前揭，页237—245）。我们应该知道，威尔斯的处女作是一部《生物学读本》（*Text-Book of Biology*，1893）。

决定性的差异在于，威尔斯生活在1848年革命之后的时代。费边社的社会主义理想既与这场革命有承继关系，又与生物学革命有关。据萧伯纳说，费边社的早期成员大多是赫伯特·斯宾塞（1820—1903）的信徒，因后者认为社会主义除了"未来的奴役"外一无所有，才与其决裂。[1]

威尔斯在《世界史纲》中让我们看到，他是伏尔泰式理想的自觉继承人：

> 伏尔泰的理想，是一个彬彬有礼的文雅世界的理想，在这个世界中，人们——指的是优秀人物，其他的人都不算数——对残忍、粗野或者狂热感到羞耻。[2]

现代的"世界大同梦"虽然基于现代自然科学的进步，但毕竟是一种政治理想。自然科学的信心要演化出现代式的世界大同主义的核心价值观，还需要一番理性化建构。这一

---

〔1〕 肖伯纳，《〈费边论丛〉1908年版序言》，见肖伯纳主编，《费边论丛》，前揭，页41。
〔2〕 韦尔斯，《世界史纲：生物和人类的简明史》，前揭，页925。

使命历史地落在了康德（1724—1804）肩上，他在1784年发表的《关于一种世界公民观点的普遍历史的观念》一文，史称现代世界大同主义诞生的理论标志。[1]

康德同样是新自然科学的热爱者，他穷其一生都在研究天体物理。康德的哲学著作以艰涩难懂著称，但在表达"一种世界公民观点的普遍历史的观念"时，他却尽可能写得通俗易懂。康德把自己视为替"世界大舞台"订立运行规则的开普勒式或者牛顿式的人物，要让人世历史不再是一种"荒诞进程"，而是具有一个"自然意图"。对康德来说，这个"意图"就是"达成一个普遍管理法权的公民社会"，即每个人都"能够与别人自由共存"的"完全公正的公民宪政"。

威尔斯在《世界史纲》中所说的"意愿的共同体"和"服从的共同体"不过是在模仿康德的原型故事。[2] 借助通俗化的叙述，威尔斯的《世界史纲》让康德的"世界大同"的"假设"成了世界历史的进程本身——雷海宗所说的我们今天"比较易欺的"中学生和大学生们所信奉的"普世价值"观就滥觞于此。

<hr />

[1] 伊格尔斯，《德国的历史观：从赫尔德到当代历史思想的民族传统》，彭刚、顾杭译，南京：译林出版社，2014，页44—48。

[2] 康德，《康德全集（第八卷）：1781年之后的论文》，李秋零译，北京：中国人民大学出版社，2010，页29；比较John S. Partington, *Building Cosmopolis: The Political Thought of H. G. Wells*, Hampshire: Ashgate Pub., 2003, pp. 21-48。

五

出版《风俗论》之前，伏尔泰在柏林匿名出版了《路易十四时代》。《风俗论》从"地球的变迁"和"不同的人种"谈起，一直写到法兰西王国崛起的路易十三时代。换言之，尽管《路易十四时代》写在《风俗论》之前，但它却是伏尔泰的全球史的落脚点。在伏尔泰眼里，路易十四的时代堪称继腓力－亚历山大时代、恺撒－奥古斯都时代和佛罗伦萨的美第奇家族时代之后，世界史上的第四个伟大时代，而且"可能是四个时代中最接近尽善尽美之境的时代"。[1]这意味着，伏尔泰的全球史或世界大同论以其法兰西成为世界帝国的想象为基础。

威尔斯的全球史或世界大同论会不会是以大不列颠成为世界帝国的想象为基础的呢？如今，这样的问题已经成为论题。[2]至少萧伯纳的国际社会主义论无异于不列颠世界帝国论。第二次布尔战争爆发后（1899），萧伯纳替费边社起草了对外政策文件《费边主义和帝国》(*Fabianism and the Empire*)，声称鉴于目前还没有一个世界国家接管这两个南非共和国，最好的办法"只能是由英帝国强迫它们根据全人

---

[1] 伏尔泰，《路易十四时代》，吴模信等译，北京：商务印书馆，1996，页7。
[2] 详见Maxim Shadurski, *The Nationality of Utopia: H. G. Wells, England, and the World State*, New York & London：Routledge, 2020，第二章，"The Wellsian Utopia and the Discourse of England"。

类的共同利益管理自己的事情"。在萧伯纳看来，"妨碍国际文明传播的国家，不论是大国还是小国都必须被消灭"，这样的文明原则适用于全球。毕竟，应该由具有国际规模的大国来管理这个世界，"这样的大国瓜分世界的大部分地区不过是时间问题，不论你赞同还是遗憾，这都是必须面对的事实"。[1]

费边社的第二代领袖人物乔治·柯尔（George D. H. Cole，1889—1959）虽然对这样的言论感到难堪，但他也并没有放弃世界大同主义理想：

> 作为最终的政府单位，单纯的民族主权国家在世界上已经过时了，因为在这个世界上，关键性的服务机构需要在比全国基础还要大的基础上进行组织，广大区域的货物交换也需要比全国计划还要大的计划。[2]

即便今天——更不用说未来——的货物交换的确需要比

〔1〕 G. D. H. 柯尔，《社会主义思想史·第三卷：第二国际（1889—1914）》，上册，前揭，页202-203；比较 Alan M. McBriar, *Fabian Socialism and English Politics, 1884-1918*, Cambridge: Cambridge University Press, 1962, pp. 134-145; Bernard Semmel, *Imperialism and Social Reform: English Social-Imperial Thought 1895-1914*, New York: Anchor, 1968, pp. 53-82; Peter Clarke, *Liberals and Social Democrats*, Cambridge: Cambridge University Press, 1978, pp. 83-86。

〔2〕 乔·柯尔，《费边社会主义》，夏遇南、吴澜译，北京：商务印书馆，1984，页147。

全国计划还要大的计划，但如今的西方人会相信，"单纯的民族主权国家在世界上已经过时了"吗？科学技术的进步能让世界走向大同吗？

无论如何，威尔斯的世界大同主义与萧伯纳的帝国主义仅有五十步与百步的差异。他在《公开的密谋》中写道：

> 只要有可能，公开的密谋就会通过启发和劝说来推进，而且它必须前进，甚至从一开始，在不允许它进行启发和劝说的地方，它就必须战斗。它的第一场战斗很可能是为了争取在世界明确传播其思想体系的权利。（本书，页124）

我们不能以为，这里所说的"战斗"仅仅是一种道德劝说的比喻——威尔斯接下来就清楚指出：

> 不抵抗，将活动限制在道德劝说上，不属于公开的密谋的计划，在面对不择手段的反对时，创造性思想必须变得具有攻击性，必须明确他们的敌人并发起攻击。通过自己的组织，或通过赞同其思想的、政府的警察和军事力量，这场运动必然会发现自己正在为开放的道路、开放的边界、言论自由和受压迫地区的和平而战。（本书，页125）

在这样说的时候，威尔斯明确提到"任何一个英语社会或整个大英帝国"以及"现代大西洋各国"的世界历史使命和责任。由此看来，威尔斯的《世界史纲》不是《公开的密谋》的基础，恰恰相反，"公开的密谋"概念才是其全球史叙述的基础。

六

《公开的密谋》出版两年后（1930），为了让这幅世界革命蓝图"更加清晰和明确"，威尔斯扩写后再版，并加了副标题"使得一个现代人的信仰更为明确和直白的第二版"（A Second Version of This Faith of a Modern Man Made more Explicit and Plain）。一年后（1931），威尔斯又"大部分重写"，更名为《我们该如何生活？》（What are We to do with our Lives?），但两年后（1933）重版时又恢复了原名，成为定本。

加入费边社那年（1903），威尔斯出版了《种种预测：预言中的实验》（Anticipations: An Experiment in Prophecy）。第一次世界大战刚爆发不久，他重版这部十余年前的旧作时，特别撰写了新版"导言"，其中首次用到"公开的密谋"这个提法，其含义是世界上所有受过现代科学洗礼的知识人和其他各类人士致力于打破"所有现存制度、现存限制和束缚"，把世界上的所有部落改造成一个科学有序的单一世界共和国。威尔斯毫不含糊地宣称，这一政治理想就是"我的信仰"（my faith）、"我的政治思想的形式"（my form of political thought）。而在《种种预测》的第一版中，威尔斯还仅仅称这种理想是"非正规的、开放的共济会"（an informal and open freemasonry）。[1]

威尔斯后来在自传中说，《公开的密谋》仅仅是让《种种预测》中提出的世界共和国构想变得更为清晰，因为，在"我和我这一代"，这一构想"正从一种预测的梦想向着一种特殊的计划迈进"（《韦尔斯自传》，页992）。看来，所谓open conspiracy的实际含义是"开放的密谋"，威尔斯希望用这个表达式表明自己与费边社老同志的分歧所在。悉尼·韦伯的一个说法能够证实这一点，他在1920年写道，费边社主张实现有组织的"国际主义"（internationalism），而"有些社会主义者以及很多自由主义者或多或少有意识地坚持那种'普遍的世界公民论'（universal cosmopolitanism)理想"。[2]

威尔斯把自己的世界共和理想称为"开放的密谋"又是什么意思呢？这很可能与费边社成立时的命名有关。1882年，英国的几个科学人酝酿成立追求社会主义世界理想的社团，发起人之一弗兰克·波德莫（Frank Podmore，1856—1910）是个新派心理学家，热衷用科学改造社会。他建议用第二次迦太基战争（公元前218—前201）时期的罗马名将法比乌斯·马克西姆斯（Fabius Maximus，公元前280—前203）采

---

[1] 详见 W. Warren Wagar, *H. G. Wells: Traversing Time*, Middletown: Wesleyan University Press, 2004, p.182。

[2] 塞德尼·韦白（悉尼·韦伯），《〈费边论丛〉1920年版绪论》，前揭，页28。

用的著名战略为社团命名。[1]

公元前217年，迦太基名将汉尼拔率大军进逼罗马，罗马军队节节败退，罗马城危在旦夕。在此紧急关头，罗马元老院任命时年58岁的法比乌斯为军事独裁官，指望他能挽救罗马。法比乌斯一改"罗马人一贯喜欢积极发动攻势，扩大战争规模"的战法，避免与汉尼拔大军正面决战，而是以无数小规模战斗迟滞对手，"耐心地忍受损失和消耗"，"直到自己的实力相对胜过敌人时再出手"，最终取得了战争的胜利。法比乌斯本来有个绰号叫"疣脸"（Verrucosus），此次战役之后，他得了新的绰号Cunctator（拖延者），而他的迟滞战法则被称为"法比乌斯战略"（Fabian strategy）。[2]

Fabian即Fabius的英文形容词写法，弗兰克·波德莫建议用"法比乌斯战略"为社团命名意在表明，这群进步人士主张以无数小改革举措渐进地实现社会的巨大进步，而不是以大决战方式搞社会革命。威尔斯加入费边社后，很可能对这种温吞吞的进步战略感到不耐烦，借用萧伯纳的说法，他是一个"突变主义者"（catastrophist）。[3]

乔治·柯尔的夫人玛格丽特·柯尔（Margaret I. Cole，

---

[1] Williard Wolfe, *From Radicalism to Socialism: Men and Ideas in the Formation of Fabian Socialist Doctrines, 1881–1889*, New Haven & London：Yale University Press，1975，p. 163.

[2] 阿德里安·戈兹沃西，《布匿战争：罗马、迦太基与地中海霸权的争夺》，李小迟译，广州：广东旅游出版社，2022，页233。

[3] 肖伯纳，《〈费边论丛〉1908年版序言》，见肖伯纳主编，《费边论丛》，前揭，页39—40。

1893—1980）在《费边社史》中说到威尔斯的改革倡议引发费边社内部分歧时提到，"费边社里有不少马基雅维利主义者"，他们都是"精明的人，每周开会，印传单和起草那些将由一长串的社团和自由派协会批准的决议，借以改造政治和世界"。[1]这让笔者想到，在马基雅维利的《李维史论》中，"拖延者"法比乌斯是个显要人物：

> 这个人无法使罗马人民相信实行缓兵之计，忍受汉尼拔的推进而不与之交战，对那个共和国有益；因为罗马人民认为这个主意是怯懦，而没有看到其中隐含的那种好处，法比乌斯也没有充足的理由向他们证明这一点。[2]

"拖延者"法比乌斯选择更稳妥的方式迟缓进攻，将自己的冲击力保留到最后，赢得了马基雅维利的称赞——《李维史论》以赞美明智的"拖延者"法比乌斯结尾。威尔斯退出费边社后，随即写了长篇政治小说《新马基雅维利》。在乔治·柯尔看来，除了许多"废话"之外，威尔斯在书中主要"刻薄而又有趣地讽刺"了当时的费边社领袖悉尼·韦伯和比阿特里斯·韦伯夫妇，挖苦他们在泰晤士

---

〔1〕 玛格丽特·柯尔，《费边社史》，前揭，页78—79；比较 Alan M. McBriar, *Fabian Socialism and English Politics, 1884–1918*，前揭，p. 162。

〔2〕 马基雅维利，《李维史论》，薛军译，长春：吉林出版集团，2013，页288。

河河堤上的"穷酸小屋"里"酝酿偏狭的半吊子阴谋家的诡计"。事实上，在退出费边社之前两年（1907），威尔斯就已经把韦伯视为"马基雅维利式的政治人"（a Machiavellian statesman）。[1]

不难设想，威尔斯在《新马基雅维利》中说的那些"废话"，恰恰可能是在表达他反对"拖延战法"的理由——尤其是题为"政治的心脏"（The Heart of Politics）的第三卷。[2]换言之，威尔斯不赞成费边社的老同志们仅仅"每周开会，印传单和起草那些将由一长串的社团和自由派协会批准的决议"，像一帮地下密谋者。由于不相信如此"拖延战法"能引发一场"世界革命"，威尔斯主张搞"公开/开放的密谋"：

> 与一般反叛不同的是，这种针对既定事物不断扩大的抗议与反叛，就其本质而言将在阳光下进行，并愿意接受来自各方的参与和帮助。事实上，它将成为一个"公开的密谋"，一个必要的、自然形成的密谋，以调整我们混乱的世界。（本书，页9）

马基雅维利的《君主论》和《李维史论》都有专章论及

〔1〕 G. D. H. 柯尔，《社会主义思想史·第三卷：第二国际（1889—1914）》，上册，前揭，页216；Peter Clarke, *Liberals and Social Democrats*，前揭，p. 130。

〔2〕 H. G. Wells, *The New Machiavelli*, New York：Dunfield & Co., 1910, pp. 269-386。

"密谋"，后者的"论阴谋"甚至是全书中篇幅最长的一章，马基雅维利写道：

> 如果我所讨论的那些阴谋只是用刀剑而不是用毒药实施的，这是因为所有的阴谋都具有相同的特征。确实，用毒药实施的阴谋更加危险，因为它更加不确定。不是所有人都有下毒的机会，因此必须将此事告知有这种机会的人，而这种使别人参与计划的必要性增加了你自己所从事的事业的危险。[1]

威尔斯提倡"公开/开放的密谋"是否来自马基雅维利的启发不得而知，但可以确定的是，他的政治作品因具有"科学寓意式"的叙事风格而更显得是"刀剑"而非"毒药"。

重写《公开的密谋》之后，威尔斯随即写了《未来之物的形貌：终极革命》（*The Shape of Things to Come: The Ultimate Revolution*, 1933），费边社人士称之为又一部"乌托邦"小说。其实，威尔斯在书中犀利地评说了1933年6月在伦敦地质博物馆举行的全球化时代以来的首届世界经济高峰论坛，史称"伦敦经济会议"（London Economic Conference）。尽管这次高峰论坛旨在商讨如何应付全球经济衰退、振兴国际贸易、稳定国际货币，但在威尔斯看来，它

---

〔1〕 马基雅维利，《李维史论》，前揭，页472—473。

不过证明了"议会民主的最后破产",世界性的政治-经济灾难即将来临。威尔斯在书中还预言,日本军队会在1935年进占北平和天津,并建立起"第二个傀儡国",1936年将登陆广州。尽管如此,日本对中国的统治将"始终不出大炮的射程和明晃晃的刺刀范围",因为日军不可能深入中国的西部。的确,日本正"踏着西方的覆辙前进",但中国也"正在同极大的困难搏斗","以发现集体生存的新方式"。[1]这些说法足以表明,《未来之物的形貌:终极革命》不是"乌托邦"小说,而是基于历史现实的预测。至少就对中国的预测而言,可以说八九不离十。

此书很快就有了两个中译本。[2]第二次世界大战爆发后,威尔斯随即发表了《世界新秩序》(*The New World Order*, 1940),也很快被译成中文,它鼓舞了正处于抗战艰难时刻的中国知识人。[3]由此可见,威尔斯的政治作品始终紧贴正在发生的历史事件,同时又锲而不舍地宣传他的政治理想。在《公开的密谋》开篇,威尔斯这样写道:

> 世界正在经历巨大变革。在过去的50年里,人类的生活条件发生了空前迅猛的变化。我们被裹挟而

---

[1] 威尔斯,《未来世界》,顾毅音、刘葆译,上海:博文书店,1939,页186—201、269—272。

[2] 另一个译本见:威尔斯,《世界之预言》,江樵译,上海:世界评论出版社,1939。

[3] 威尔斯,《世界新秩序》,谢元范译,成都:龙山书局,1942。

行——无法掌控事件接踵而至的速度,直至现在,我们才开始意识到这场已经降临到我们身上的变革风暴的力量。(本书,页1)

这段话适用于威尔斯的几乎所有主要政治作品。在差不多一百年后的今天,威尔斯的政治想象与其说早已成为历史,不如说仍是一面历史之镜,如今的我们可以借此鉴照当今世界正在经历着的巨大变化。

一

目前人类事务的危机

世界正在经历巨大变革。在过去的50年里，人类的生活条件发生了空前迅猛的变化。我们被裹挟而行——无法掌控事件接踵而至的速度，直至现在，我们才开始意识到这场已经降临到我们身上的变革风暴的力量。

这些变化并非来自外部。没有来自外太空的巨大陨石撞击我们的星球；没有灭绝性的火山爆发或奇怪的流行病；太阳没有骤然过热，也没有突然萎缩使我们进入极寒的冬天。这些变化来自人类自身。一小部分人，或个体或团队，义无反顾地去取得新发现，创造并使用发明，改变了社会生活的方方面面。

我们现在才刚刚开始意识到这些变化的本质，用语言来描述它们并将其诉诸笔端。首先，这些变化开始发生，然后我们才能看到它们正在发生，现在我们开始看到这些变化之间的联系，并清楚其后果。随着这方面思路的逐渐明晰，我们很快就能在学校里向孩子们证明和解释这些变化，但是目前，我们没有这样做，没有给我们的孩子一次去发现他们生活在一个普遍变化世界里的机会。

这些条件变化的大致脉络是什么？

按照它们被发现和被清晰展现的顺序来探讨会更加方便，而不是按照它们出现的顺序或逻辑顺序。这些变化或多或少相互依存、有所重叠并相互作用。

直到20世纪初，人们才开始意识到"消弭距离"[1]一词于我们不断变化的生活中的真正意义。在此之前的整整一个世纪里，旅行与运输的速度和安全性在不断提高，信息传递也更加方便和迅速，但这种提高似乎还不是最重要的。铁路、轮船和电报带来的种种改变开始显现，城镇变得越来越大，向农村扩张，曾经人迹罕至的地区也有人迅速定居和耕种，工业中心区的人开始依靠进口食品生活，接收偏远地区的信息也不再有时间差，趋向于现代化，但是所有人都认为这些变化仅仅是对现有条件的"改进"，他们没有发现这是人类生活中一场深刻变革的开端，年轻人没有关注它们，也没有人试图或认为有必要使政治和社会机构跟上这种规模的逐步扩大。

截至19世纪末，还没有人认识到事态的真实情况。当时，一些观察敏锐的人开始以试探性的评述来提醒人们注意

---

[1] 19世纪下半叶至20世纪初期，技术飞速发展，"消弭距离"（the abolition of distance）和"废除边界"（the disappearance of frontier）是当时的流行语。——译注

正在发生的事情，不过他们似乎没觉得必须对此采取行动，只是轻快且机智地说，事情正在发生。后来他们逐渐认识到，"消弭距离"只是更为深远进步的一个方面。

由于能量和物质方面的逐步突破，人类的旅行速度变得更快，并能在世界范围内进行即时通信。交通运输的改善只是这种突破带来的诸多重大影响之一，该影响最显而易见并引发人们思考，但也许不是最重要的。人们突然意识到，在过去一百年里，人类在获取和利用机械动力方面取得了惊人的进步，机械效率大大提高，与此同时，可供人类使用的物质也大量增加，从硫化橡胶到现代钢铁，从石油和人造黄油到钨和铝。起初，人们只把这些东西视为幸运的"发现"，即快乐的偶然发现，却并不知道这些发现是系统的、连续的。普通作家在写这些事情的时候，把它们描述成"奇迹"，像金字塔、罗德岛巨像和中国长城一样的"奇迹"，很少有人意识到它们比任何"奇迹"都重要得多。"世界七大奇迹"之下，人们自由地生活、劳作、结婚和死亡，就像早已习以为常的那样，就算"七大奇迹"全部消失或增加三倍，也不会改变大多数人的生活。但是，这些新的能量和物质却正在——悄然地、肯定地、无情地——调整和改变着人类日常生活中的每一个细节。

这些新的能量和物质增加了生产方法和数量，它们使"大企业"的诞生成为可能，将小生产者和小分销商驱逐出市场，它们肃清旧厂，催生新厂，改变了行业面貌。它们让新事物一件一件、一天一天地走进日常生活——电灯和暖气、夜间通亮的城市、良好的通风、新式服装、焕然一新的洁净感，它们把一个曾经匮乏的世界变成了一个潜在的富裕世界，一个过分富裕的世界。在意识到"消弭距离"之后，他们又意识到物资的短缺也已经被消除了，人们无须烦琐的劳动就能生产出所需的一切物质。这一更广泛和更深刻的事实，在最近的十几年里才被越来越多的人认识到，且其中大部分人还需要更进一步才能意识到，这些事物使日常生活发生的改变多么彻底。

除了物质生活的速度与能量方面的大幅度提升之外，还有其他的变化。生物科学经历了相应的拓展，医学已经达到了一个新的水平，因此在现代化社会中，平均寿命得以延长，尽管出生率大幅度下降，但世界人口仍在惊人地逐步增长。成年人所占比例比以往任何时候都更大，英年早逝的人越来越少，这改变了我们的社会氛围。生命过早结束的悲剧正在从一般经验中消失，健康成为常态，持续性的牙痛、头疼、风湿病、神经痛、咳嗽、感冒、消化不良等，这些曾在我们祖父和祖母短暂生命中频繁发生的疾病，逐渐不太常见了。现在，我们发现，只要心中有活下去的欲望，我们就可以没有任何沉重的负担和恐惧，健康且富足地生活下去。

但是我们并没有过上这样的生活。所有这些发展的自由、能量和富足感，对大多数人来说只是一种幻景。对于人类取得的这些成就，我们感到惴惴不安，即使是那些享受到这些成就的人，也同样没有安全感，对于绝大多数人来说，既没有安逸、富足，也没有自由。艰难的工作、物资匮乏和无休止的金钱烦恼仍是家常便饭，前所未有的战争威胁悬于人类上空，而现代科学的一切力量和发现都在武装并强化它。

当我们问为什么能量的发展成就在我们手中会变成苦难和危险时，得到的回答很不令人满意。政客们最喜欢用陈词滥调——"道德的进步没有跟上物质进步的步伐"——来为自己徒劳的事业辩解。这似乎让他们十分满意，但对于其他聪明的人来说，这种回答不能令人满意。他们说"道德"，却不解释这个词，显然是想把责任推给我们的宗教教师。他们充其量只是做出了一个模糊的回应，然而，当我们以宽容和同情的态度考虑此事时，他们所说的那句话中似乎确实有些现实的因素。

什么是道德？Mores〔道德〕意味着礼仪和风俗。道德是生活的行为准则，是我们在社交生活中的表现，是自己与其他生命相处的方式。与（比如说）几百年前相比，现在关于如何生活的主流观念与时代危机之间的矛盾似乎要大得多。我们越来越清楚地看到，多年来构成人际关系框架的某些既定传统，不仅不再如以前那样适用，而且正带来伤害和危险，但是目前我们还不知道如何摆脱这些传统，摆脱这些支配我们的社会行为习惯。对于那些必然取代它们的新的行为观和责任观，我们论之甚少，更不用说付诸实践了。

例如，迄今为止，人类事务大体由若干主权国家管理——目前大约有70个。直到最近，这都是一个包容度很高的框架体系，一般的生活方式都能融入其中。那时的生活水平可能没有我们现在的高，但社会的稳定和保障度却更佳，年轻人经过训练，表现出忠诚、守法、爱国的品质，明确的犯罪和轻罪制度伴以相应的痛苦、惩罚和镇压，使社会团结稳定。每个人都被灌输美化自己国家的历史，而爱国主义是美德之首。现在，"消弭距离"快速实现，大家成了彼此的邻居，曾经各自为政的国家，曾经相距甚远的社会与经济体系，现在却令人恼火地相互挤压。在新的条件下，商业活动不断打破民族主义的界限，对其他国家的经济生活进行激进的攻击，这加剧了我们所有人都接受过的、充斥在我们血液中的爱国主义。同时，以前只相对缓慢发生在前线的小打小闹，变成了三维空间里的战争，它对"非战斗人员"的打击几乎和对战斗人员的打击一样，并且获得了极具残酷性和破坏性的武器。目前尚无解决这一矛盾状况的办法，我们的传统和所受的训练不断促使我们采取对抗与冲突的态度，而这些只会把对手和我们自己带向贫困、饥饿和毁灭。我们都被训练成不信任和憎恨外国人的人，我们向国旗致敬，在国歌声中机械地肃立，准备跟随着那些穿着马刺和羽毛，冒充成国家元首的小人物，一同走向最可怕的共同毁灭。我们的政治和经济生活理念已经过时了，很难调整和重构它们以满足新时代巨大而紧张的需求。这确实是我们唱片式的政客们心中所想的——他们考虑任何事情都含糊不清——当他们播放那关于道德进步没有跟上物质发明的老旧唱片时。

在社会和政治方面，我们需要一个修正后的行为理念体系，一种与时俱进的社会和政治生活观念。我们在生活中做无用功，在漂泊，被那些利用旧传统的人蒙蔽、欺骗和误导，荒谬的是，我们仍然摆脱不了战争，必须为备战纳税，这种无用、夸张和扭曲的生存方式威胁着我们的身体和自由，它是前科学时代分裂时期的产物。不仅我们现在的政治生活方式带有一种遗传性缺陷和畸形，连我们的日常生活，我们的衣食住行也很局促、受挫、贫困，因为我们不知道该如何着手摆脱旧的生活方式，使日常生活适应新的机遇。这种压力表现为失业率上升和消费能力失调，人们不知道是该花钱还是该存钱，一大批人发现自己不公正地、不合理地、莫名其妙地失了业。为了提高产量与利润，企业进行了大规模的商业重组，与此同时，具有购买力的客户数量却在减少并逐渐消失。经济机器嘎吱作响，发出各种罢工的信号——它的停摆意味着将出现普遍的匮乏和饥饿，它绝不能罢工，必须对此进行重建和变革，但究竟是什么样的变革呢？

虽然我们谁也不清楚这一重大变革将以何种方式实现，但是现在，世界各地都感到一场变革或巨大的灾难即将来临，越来越多的人因这种转变的不确定而感到不安。在人的一生中，人类已经从一种我们现在看来似乎是缓慢、沉闷、匮乏、受限，但至少是美丽平静的状态，进入了一个充满刺激、挑衅、威胁、紧迫和痛苦或潜在的痛苦的新阶段。我们的生活彼此交织，这一事实无法逃避，作为社会群体中的一员，我们该如何生活呢？

二

公开的密谋的想法

我是一名探究社会和政治问题的作家，本质上实在是平平无奇。我的大脑平庸且十分普通，因而我对这些问题的思维反应方式与大多数人并无二致。但是由于我的工作职责就是写作和思考这些问题，所以与大多数人相比，我能在这上面花费更多的时间和精力，能够略胜对手一筹，就我的想法写出一些文章和书籍，不久之后，成千上万人，然后数十万人，最后数百万人都将理解这些想法。因此，在几年前（大约是1927年），我开始非常急切地想理清并形成一系列的建议，依我之见，这些建议似乎能解决这道谜题，即如何让我们的生活适应人类面临的巨大的新机遇和新危机。

在我看来，世界上所有聪明人都开始意识到，仅仅因为不加批判地依附传统政府、传统经济生活观念和传统行为方式而处于危险、束缚和贫困中，是一种屈辱和荒谬，这些觉醒的聪明人必须首先提出抗议，然后以创造性的方式抵制那种正在扼杀和威胁我们的惰性。我想这些人首先会说："我们在随波逐流，我们的生命毫无价值，我们的人生既乏味又愚蠢，不太理想。"

然后他们会说："我们该如何生活呢？"

接着他们又会说："让我们与其他志同道合的人团结起来，书写一个伟大的世界文明，使我们能够实现这个新时代的承诺，避免其陷入危险。"

依我看，当我们一个接一个地清醒过来时，这就是我们应该说的话。它是一种先在精神上酝酿再实际发生的抗议，一种无预谋和无组织的反叛，它反对现今分散的和失职的政府，反对现在正在发生的，普遍存在的贪婪、侵吞、笨拙和浪费。但与一般反叛不同的是，这种针对既定事物不断扩大的抗议与反叛，就其本质而言将在阳光下进行，并愿意接受来自各方的参与和帮助。事实上，它将成为一个"公开的密谋"，一个必要的、自然形成的密谋，以调整我们混乱的世界。

为了发展这个想法我做了各种尝试。早在1928年，我就出版了一本名为《公开的密谋》的小书，那里面有我当时的想法，但即使到了最终出版的时候，这本小书仍然不很令人满意，它不够明确，不够自信，而且显然对读者缺乏信心。当时我无法找到更好的方法，而且它在某种程度上似乎表达了一些我们当下生活中某些有趣的想法，所以我出版了它——但我做了一些安排，以便在一年左右的时间内将它撤回，我做到了，现在的这本书是一个基本上重写了的版本，更加清晰明了。自那次出版以来，我们取得了惊人的进展，事件推动思想进步，思想也推动着事件发展，重新组织世界上大部分事务的想法，在1926年和1927年还类似于"乌托邦"，至1928年也觉冒失，但现在却已传遍全球，几乎每个人都有这样的想法。它能在世界各地爆发，很大程度上要归功于苏联五年计划所带来的精神激励。[1]现在，世界各地成千上万的人都在沿着"公开的密谋"所预示的路径思考，不是因为他们听过这本书或这个短语，而是因为这就是思想的发展方向。

第一版《公开的密谋》提出了重构世界的总体想法，但是它没有明确说明这一想法与个体生活的具体关联。它对"我们该如何生活？"这个问题给出了普遍答案，即"在旧世界的混乱中帮助建立新世界"。但是当被问到"我应该怎样度过我的生命？"时，答案就不那么令人满意了。

经过多年的思考和经验，现在我们可以在重构世界的总体想法，即试图在我们目前危险和不和谐状态下去建立一个新世界的想法，与单个的"公开的密谋者"之间建立更加密切和明确的联系，我们可以更好地阐述这件事，并处理得更加娴熟。

―――――――――――

〔1〕 "五年计划"是指苏联政府发起的一系列集中协调的经济计划。这些计划为工业增长和农业生产设定了具体目标，旨在迅速发展国家的经济和基础设施。第一个五年计划于1928年启动，由斯大林发起，主要目标是农业集体化。——译注

三

我们必须理清我们的思想

现在，我们大多数人都非常清楚一件事，那就是我们必须整理自己的思想。我们都意识到需要以一种新的方式生活，并对作为我们生活框架的国家进行改造，以应对新的需求。为什么我们现在才意识到人类事务中的危机呢？几个世纪以来，这些发展中的变化一直在加速进行。显然，我们必定非常粗心，头脑中所掌握的知识杂乱无章，处理它的方式也混乱不清，否则我们早就应该被现在面临的巨大需求唤醒了。若真如此，若唤醒我们需要花费几十年的时间，那我们大概率仍未完全清醒，即便到现在，我们也许还未完全意识到我们眼下所要承担的工作，我们需要在头脑中进一步理清思路，并持续学习。因此，我们主要和永久的责任就是不断地思考，并且尽可能地思考自身的思考方式以及获取和使用知识的方式。

从根本上来说，公开的密谋必须是一种知识的再生。

由于所使用的语言和其他符号的缺陷，人类的思想仍然非常混乱，这种混乱的思想所造成的后果比人们通常认识到的更为严重和广泛。我们仿佛在透过字里行间的迷雾看这个世界，只有身边的事实才是清晰的，通过符号，特别是通过语言，人类已经超越了猿猴，并在世界上有了相当大的掌控权。但他在心智上提升的每一步都和他使用的这些符号和语言有关，它们既是有益的，又是极具危险性和误导性的，因为我们随意、不加批判、草率地使用语言，如今社会、政治、知识等大部分事务，都处于一种令人困惑和危险的状态。

在整个中世纪后期，学者们在语言和符号的使用问题上存在很大的争论。人类思维中存在一种奇怪的倾向，认为符号、言语和逻辑推理比实际经验更为真实，而那些巨大争论就是人类智慧与这种倾向斗争的结果。一方是唯实论者，他们之所以被称为唯实论者，是因为他们实际上相信名称比事实更真实；另一方是唯名论者，他们从一开始就普遍对名称和言语充满怀疑。后者认为在语言过程中可能会有某种陷阱，并逐渐致力于通过实验进行验证，这是实验科学的基本原理——实验科学赋予了人类世界种种强大的力量和无限的可能性，而这些力量和可能性如今也在诱惑和危及着实验科学。这些学者的争论对人类来说极其重要，只有人类摆脱了唯实论者所遵循的狭隘的言语主义思维方式，现代世界才可能开始存在。

但在我整个受教育生涯中，从未有人向我解释过这一问题。伦敦大学授予我一等荣誉学位，允许我穿戴优雅的学士服和学位帽，以此表明我是一名受过良好教育的年轻人，伦敦师范学院则向我和全世界做出了最高保证：我能够教导和训练同胞们的思想。但我仍然发现，唯实论者不是一个在书中加入了太多色情因素的小说家，唯名论者，也可以说没有什么特别的。随着我在生物学研究中学习到个体性，在准备成为完美导师的过程中学习到逻辑学和心理学，我逐渐意识到自己忽略了一些非常重要且基本的东西，而且我根本没有文凭上所证明的那么优秀。在接下来的几年里，我发现时间足够充裕，可以比较充分地解决这个问题，但是我没有任何了不起的发现，所有的发现都已为人所知，尽管如此，我还是不得不像从未做过那样，为自己重新发现其中的一些东西。对于一个想使自己的思想处于正常工作状态的普通人来说，任何关于人类思维的完整描述都是难以实现的，这并不是说我错过了一些深奥又珍贵的哲学精髓，而是我的基本思想，我的政治和社会行为的根源，是错误的。我生活在一个人类社会中，但这个社会包括我自己却都将幻影和幻象当作真实的、有生命的东西，沉浸在对虚幻的遐想中，盲目、懒散、恍惚、卑劣又无能，在一个极其美丽而又危险的世界里跌跌撞撞地前行。

我开始进行自我再教育，并且按照作家的做法，将其写成了各种试行的小册子、论文和书籍。这里没必要再提及这些书籍。我所阐述的核心内容在三本汇编中有所体现，我现在再说一遍，它们分别是《世界史纲》（第21章第6节和第32章第6节）、《生命之科学》（第8卷，关于思想和行为）和《人类的劳动、财富和幸福》（第2章，第1—4节）。在最后一本书中，我们可以很清楚地看到人类是如何为掌控自己的思想而奋斗的；是如何在经历了巨大的争论之后，才能发现智力工具的正确和有效使用方法的；是如何在实现对目前物质的掌握之前，学会避免陷入某些普遍的陷阱和误区的。清晰而有效的思考不是与生俱来的，探寻真相是一门艺术，我们会自然而然地出现许多误导性的概括和错误的进程，可是，当今世界上的学校却几乎没有进行任何智力训练。如果我们要运用这门艺术，就必须学习它。我们的教师本身并没有受过适当的训练，他们以身作则，言传身教，却对学生形成误导，导致我们的新闻媒体和当前的讨论更像是一场残废、聋哑和盲目思维的即兴暴动，而不是一次理性的思想交流。人们读到的都是些什么无稽之谈！什么鲁莽和厚颜无耻的假设！什么愚蠢的推论！

但是，重新教育自己，让自己的思想健康起来，并训练和培养它去正确地思考，仅仅是公开的密谋者觉醒前的第一步。他不仅需要清晰地思考，而且还必须确保自己的头脑中已经拥有了正确的总体思想，以便为他的日常判断和决策形成一个真正的指导准则。

第一次世界大战使我认识到自己在生命中最重要的事情上是多么无知，我的思想是多么残缺不全和杂乱无章。事实上，这种对生命、物质和幸福的灾难性浪费在世界上普遍存在，显然是构成历史主体的各种进程的结果，然而，我发现我不知道——而且似乎没有人知道——历史竟能以这种方式解释第一次世界大战爆发的原因，或者解释应该从这场战争得出的教训。我们现在似乎都同意《凡尔赛条约》是愚蠢的，但由于那些参会人员对历史认识的不完善和片面，以及随之而生的猜疑、情绪和偏见，《凡尔赛条约》怎么可能是别的呢？他们并不比我们其他人更了解战争的本质，那么他们又怎么可能知道和平应该是什么样子的呢？我意识到我和其他人的情况是一样的，于是，我首先为自己设定了指导，对所有的历史进行总结，得出一些关于人类政治状况更有用的结论。我所作的总结就是《世界史纲》，这本书是对世界历史主要事实的大胆汇编和整理，写得毫无艺术性和高雅性，确实是在相当匆忙和激动的状态下写的，它的销量现在已达到了300万册，这个数字表明了我与一大群各地的普通人拥有很多共同点，他们都想知道真相，都对老师们灌输给他们的那些爱国主义、诉讼争吵、八卦无聊的历史感到厌倦，这种历史导致他们陷入战争的灾难中。

《世界史纲》并不是一部完整的生命史。它的主题是人类交往、人类社群、人类统治者及其冲突的发展，这是一个关于一万年前无数小部落群是如何争斗以及为何争斗，并最终合并成今天的六七十个政府的故事，这些政府现在苦苦挣扎于各种力量之下，而这些力量必须马上完成最后的统一。甚至在我完成《世界史纲》的时候，我发现在其范围之外，还有许多更广泛、更基础、更密切、更直接的知识领域，如果我不想自己的存在变得毫无意义，那么为了达到我的实际目标和那些也想让自己的生命变得有意义，与我志同道合之人的目标，我仍然需要对这些知识领域进行整理。

我发现，我不太了解自己的生命与其他生命和物质世界的关系，这使我不足以在一些紧急问题上做出正确决策，这些问题包括种族冲突、生育控制、私人生活、公共卫生控制和自然资源保护等。而且我还发现，我对生活中的日常事务也一无所知，提供煤炭给我做饭的矿工，我去存钱替我开具支票的银行家，我在他那里买东西的店主，还有那个为我维持街道秩序的警察，他们是怎么工作的以及为什么工作我都不知道。然而，我却投票表决影响我与这些人关系的法律，直接或间接地支付给他们报酬，发表我对他们的无知看法，并通过自己的行为对他们的生活给予支持和影响。

因此，在两位非常有能力的生物学家的帮助和指导下，我开始尽可能清楚明了地阐述我们已知的关于生命的来源和性质，物种与个体及其他物种的关系，以及意识和思维的过程，并将其以《生命之科学》之名出版。[1] 与此同时，我开始审视所有人类活动之间的关系，包括人们的工作和需求、农业、制造业、贸易、管理、政府等。这是试图对现代世界进行理性描述最困难的部分，它需要各式各样人的帮助和建议，我不得不发问，并找到一些关于这个问题的普遍回答："今天活着的1900多万人在做什么，他们是怎么做的，为什么这么做？"事实上，它是一个经济、社会和政治科学的大

〔1〕 H. G. Wells, Julian Huxley and G. P. Wells, *The Science of Life*, The Waverley Publishing Company Ltd., 1929.另中译本见威尔斯，《生命之科学》，郭沫若译，桂林：广西师范大学出版社，2003。——译注

纲，但自从《世界史纲》出版之后，"大纲"一词已经被各种有进取心的出版商贬低了许多，我将其命名为《人类的劳动、财富和幸福》。

现在我发现，通过这三本相关的汇编，我终于以一种粗略的方式形成了一套完整的思想体系，公开的密谋者可以据此行事。每个人都希望得到对"我们该如何生活呢？"这种问题的切实可行的指导性答案，但在这之前，有必要知道我们的生命是什么——《生命之科学》，是什么导致了我们目前的生活方式——《世界史纲》，这第三本书，则是告诉我们在目前每天的工作生活中，我们实际上在做什么，应该做什么。当我读完这些书的时候，我感到自己确实有了一些实质性和综合性的东西，正如人们所说，一种"意识形态"。在这种意识形态上，我们可以考虑建立一个没有根本性意外的新世界，而且，我已经彻底整理了思想，清除了许多幻觉和坏习惯，让它能以一种前所未有的自信来处理生活。

我的这些汇编并没有什么了不起的，任何一位智力平平的作家，只要有同样的意志和资源，在这项工作上花上九到十年的时间，并得到适当的帮助，他们就能做到。毫无疑问，这是可以做到的，其他人为了自己或为了别人，会做得更漂亮和更好。但是，在回答"我们该如何生活？"这个问题之前，在一个人以任何有效的方式成为公开的密谋者之前，有一个必须满足的条件，就是要获得无穷的远见和知识，并达到这样的总体安排和理解。

我重申一遍，即使是现在，这三本书也没有什么不可或缺的，我了解并引用它们，因为这是我自己整理好的，所以用它们来阐释我的思想很方便，但它们所包含的大部分内容都可以从任何一本优秀的百科全书中提取出来。许多人已经为自己勾勒出了类似的历史大纲，他们广泛阅读，掌握了生物学的主要原理，并努力研究当前经营学的文献，根本不需要我的特别总结。就历史和生物学而言，有一些类似的书籍也同样优秀和适用，例如房龙[1]的书。即便是对受过高等教育的人来说，这些总结也可能有助于他们将了解程度不一的已知事物纳入一个总体框架内。它们相互关联，填补了空白，涵盖了相关内容，在某种程度上，在现代公民准备好去解决他所面临的问题之前，必须以某种方式涵盖相关内容。否则，他就是一个无能的公民，他不知道自己在哪里，世界在哪里，如果他富有或具备影响力，他就可能是一个非常危险的公民。现在将会有更好的汇编来满足这一需要，或许把这三个知识分支的所有要点集中起来，让它变得更加清晰和有吸引力，可以将之作为全世界现代教育的知识框架，作为每个人都应该有的"生活概论"。

但是，如果一个人不知道自己是谁，不知道自己在哪里，不知道自己与周围的人和事之间的关系，他就不可能正确而令人满意地开始生活。

---

[1] 房龙（Hendrik Willem Van Loon, 1882—1944），荷裔美国人，学者、作家、历史地理学家。代表作有《人类的故事》《圣经的故事》，其作品主要以通俗易懂的方式讲述世界历史、文化和艺术等知识，风格生动幽默，深受读者喜爱。——译注

四

教育革命

因此，在那些被所处的新世界所唤醒的人，与中小学、大学和正规教育机构之间，早就应该进行某种清算了。作为一个受过教育的人，却并没有接触到任何像"生活概论"那样的东西，但它正是指导我们在这个现代世界中的行为所必需的。

当今世界上最荒谬的事情莫过于这些机构会经受一场庄严的检阅，为新一代人的生活做准备，然而在此之后，其中一小部分受害者却发现这样的准备几乎没有起到任何作用，因此他们不得不努力摆脱这个充斥着匮乏和扭曲思想的群体，去追求某种真正的教育。这个世界无法仅仅由这一小部分逃离并经过重新教育的人来运行，群体中的其他人都在给他们施加压力。我们所面临的需求需要每个人的智慧和服务，而这可以通过培养来实现。因此，新的世界需要新的学校，来给每个人以健全而彻底的心智训练，并使得每个人对历史、生活以及政治和经济的关系都有清晰的认识，而不是目前普遍存在的垃圾思想。我们必须改革或更替旧世界的教师和学校，伴随着公开密谋者的觉醒，自然且必然会兴起一场轰轰烈烈的教育改革运动，教育革命是使生活适应新环境最必要和最基础的一部分。

在前一节中，我们已经强调过这些构成现代生活的各种知识概论，这些补充教材，现是在正式教育领域之外，并顶着后者明显的敌意被生产出来和被阅读，它们的兴起正是由于正式教育领域的落后。当这个领域缓慢而必然地屈服于新精神的压力时，这些补充教材将逐渐渗透并取代教科书，而教科书将作为一种独立的书籍类别逐渐消失。我们现在所处的这个全新危险时代所要求的教育，必须从一开始就做到准确无误，其中不应该有任何需要替换或需要去重新学习的东西，在我们谈论政治、金融、商业或道德之前，我们必须确保自身已经具备了正确的思维习惯和认识事实的基础。如果我们没意识到这一点，我们将无法在生活中有所作为。

五

新世界的宗教

"没错，"一位读者反驳道，"但是我们的宗教不是告诉了我们该如何生活吗？"

我们必须将宗教作为一个基本问题纳入讨论。从我们目前的观点来看，宗教是教育中决定行为的核心要素，宗教当然应该告诉我们该如何生活，但在波澜壮阔的现代生活中，我们所称之为宗教的许多东西都是无关紧要或愚蠢的。宗教似乎并没有"融入"生活的主要问题中，它与现实失去了联系。

公开的密谋迎接并创造新世界，让我们试着将之与宗教传统联系起来。一个头脑清晰的公开密谋者拥有现代思想体系，对宇宙的叙述也有条不紊，他必然相信只有把自己的生活投入社会重建的伟大进程中，并据此塑造自己的行为，才能过好他的生活。然而，这只是将他推入了一场最微妙而又无休止的斗争之中，即与个人利益的无限诱惑相斗争，他必须过广阔的生活，逃离狭隘封闭的生活。我们所有人都想获得高尚的尊严和幸福，摆脱个人欲望的烦扰，在过去，这种斗争通常表现为宗教斗争，宗教是自我的敌人。

在他们的完满中，也就是在真正的宗教生活中，宗教总是要求自我服从，这正是他们的创造力所在。宗教要求奉献，并为此提供了理由，他们把意志从自我本位中解脱出来——通常是非常彻底的。并不存在一种自足的宗教，一种私人的宗教独奏。某些形式的新教和一些神秘主义教派几乎使宗教变为了个体与其神性之间的隐秘二重唱，但在这里，这可能被视为对宗教冲动的一种曲解。正如正常的性本能会刺激和煽动个体摆脱自我主义，为种族的利益服务一样，正常的宗教信仰也会让个体为了服务社会而放弃私人利益，它不是个人与社会之间的一种交易，也不是一种"社会契约"，而是将现存个体与现存社会都置于某种比他们更重要的事物之下——一种神性、一种神圣秩序、一种标准、一种正义。某些宗教术语中所说的"罪的信念"和"逃离毁灭之城"，都是这种将以自我为中心的个体和当前社会生活引向更好事物的常见例证。

这标志着宗教关系中的第三个要素，一种希望，一个承诺，一个目标，它不仅使皈依者远离自我，也让他们远离现实"世界"，朝着更美好的事物出发。首先是放下自我，再者是服务，然后再有创造性重建的紧迫感。

对于更优秀的人来说，宗教的这一方面似乎一直是其主要吸引力。我们必须记住，整个人类心中有一种真正的宗教意志——一种对于超越自我的真正渴求，宗教从来不会追求其特定的信徒，相反，信徒们会主动寻求它。显然，在那少数人中，渴望献身于比日常生活更伟大的目标，并自由地奉献自己的愿望占主导地位，而在大多数人中，这一愿望的影响是不可估量的。

但迄今为止，宗教从未被简单地表现为对一项全体事业的奉献，奉献始终存在于宗教中，但其他的因素使它复杂化了，在每一次伟大的宗教运动中，领导人都认为必须以历史和宇宙进化论的形式来阐明宗教的本质。有必要回答"为什么？"和"为了达到什么目的？"这两个问题。因此，每种宗教都不得不采用在其成立之初就已存在的物理概念，通常还要吸纳许多当时的道德和社会价值观念，这些价值观念在宗教创立之初就已经存在。宗教无法超越当时似乎为信仰提供了自然框架的哲学用语和意见，它也无法汲取超出当时科学知识储备之外的任何东西，这里面潜藏着使先前每种宗教最终走向衰败和消亡的种子。

但是，由于持续变化的理念——不断从现有现实中远离并永不回归——是新近出现的；由于直到最近才有人认识到，今天的认识将成为明天的无知，所以迄今为止，世界上宗教的每一次新发展都被十分真诚地宣布为最高和最终的真理。

这段叙述的结尾具有相当大的即时实践价值。关于进一步重新叙述的可能性建议是一种令人不安的暗示，它削弱了信念，破坏了信徒队伍，因为在不同形态下，人类认识同一精神的能力存在着巨大的差异，这些差异在今天造成了无穷无尽的困难。虽然有些聪明人可以不受各式各样名字和符号的影响，轻松地辨认出这是同一个神，但另一些人甚至无法分辨出两个最对立的神，只要它们戴着同样的面具和头衔。现在对许多人来说，从生理和心理需要方面来重述宗教似乎是一件非常自然和合理的事情，而对另一些人来说，信仰措辞上的任何变化，似乎都不亚于最可恶的无神论歪曲。后者眼中的神，已经完全被拟人化了，它拥有意愿和目的，会表现出偏好并回应情感，是一个真正的人，直至时间尽头也仍是如此。而对有些人来说，上帝被认为是一位伟大的造物主，它像原子结构一样客观和无人性。

现在之所以会出现广泛诋毁组织性宗教的现象，是因为它们所承担的历史和哲学责任，以及在诸如财产、精神活动和公共真实性等一度看似微不足道但现在却至关重要的道德问题上，对人类共同弱点所作的让步，而不是由于它们在适应心理需求方面的任何不足。它们在事实问题上似乎不太真实，也不再对大部分普遍存在困惑的行为领域有所反应。人们会说，"只要我能去相信它，我就能非常幸福地过着天主教信徒的生活"。但是，维持这种生活的大部分宗教解释框架都过于陈旧与无关紧要了，以至于无法容纳那种虔诚的信仰，而这种信仰又是聪明人奉献的必要条件。

现代作家和思想家在将受尊崇的宗教表达方式与新思想相结合方面表现出了极大的创造力。Peccavi（认罪）：难道我没有发挥人类创造力写了《上帝，无形之王》[1]，并塑造出一个年轻而富有冒险精神的有限神形象吗？

在大多数人的心目中，"上帝"这个词与宗教概念息息相关，因此人们极不情愿抛弃它，尽管这个概念不断被削弱，但这个词仍然存在。对它的尊重使得我们认为它不应该受到任何限制，因此，它被推得离现实越来越远，它的定义也日益变成一系列否定的集合，最后，作为绝对存在的神，它成为一个完全否定的表达。有人说，我们能谈善，就能谈神，上帝是善的可能性，是事物美好的一面，他们认为，如果抛弃上帝的名，宗教在许多场合都将无言以对。

当然，存在着超越个体和现存世界的东西，我们坚称这一点是所有宗教都具备的特点。说服力是信仰的本质，是勇气的关键，但是，不管经过多么激烈的拟人化训练，是否应该把上帝视为一个伟大的人或者是一个全面发展的人，就是另一回事了，人性是神人同形同性论最后遗留下来的痕迹。现代人追求精准，反对这种对传统表达的让步。

另一方面，在许多虔诚的信徒心中，必然有一种奉献的渴望，奉献的对象因人而异，不过即使他不能做出明确的回应，也至少要具备一种接受意识。有的人可以接受现实本身，而有的人必须先将其投射和戏剧化，然后才能理解并做出反应，人的灵魂是一种复杂的存在，一旦阐释的拙劣程度

---

[1] 可参见 Herbert George Wells, *God the Invisible King*, Independently Published, 2019。——译注

超过了某个限度，它就忍受不了了。人类在与其他人的相处过程中学会了爱、奉献、顺从、谦卑，并且向着超然的从属关系艰难地迈出了最后一步，其中最后一丝人性也被剥离了。

在那些并非直接涉及物质的问题上，语言必须通过隐喻来运作，尽管每一个隐喻都带有其特有的混淆风险，但我们离不开它们。因此，伟大的思想包容是必要的——这是一种把某一形而上学的或情感上的习语翻译成另一语言的有教养的秉性——否则，在我们的世界中，道德力量将被可悲地浪费掉。刚刚我写了"认罪"这个词，是因为我之前写了《上帝，无形之王》，但我不认为使用"上帝，无形之王"这种措辞是一种罪过，它更多的是一种表达上的错误。如果在我们外部没有一位富有同情心的个人领袖的话，那么至少在我们内心中，我们应该有一种对于这位领袖的态度。

如果要正确理解当前宗教冲动的发展与过去宗教生活之间的关系，就必须认识到当代的新心态与之前时代的三个深刻差异。人们在分析心理过程方面已经有了很大的进步，也勇敢地探究了人类思想和情感的起源，继生物学上的进步使我们认识到人类与鱼类和两栖动物在身体结构上的相似之后，一些同步的发展也随之而来。在这些发展中，我们看到了在社会进步的压力下，基本的恐惧、欲望和自爱被塑造、修改和提升，形成复杂的人类动机。这种分析深刻地改变了我们对罪恶的认识和处置，我们以前把罪恶视为无知、缺陷和恶习，道德冲突因而丧失了四分之三的利己主义的戏剧性特质，现在我们不再想要去减少邪恶，而是倾向于去组织我们的条件反射，过一种不那么碎片化和愚蠢的生活。

其次，个体的概念受到生物学思想的影响得以扩展，所以我们不像我们的父辈那样轻易地想到个体contra mundum（反对世界），我们开始意识到我们之所以自私，是因为误解。通过让自我充斥着与其私人利益作斗争的欲望，本性欺骗了自我，以此来实现作为人的目的。随着在看待这些事情上眼界的拓展，我们将自己视为高于或低于真实自我的存在，人的灵魂不再属于他自己，他发现，这是一个更加伟大的存在的一部分，在他出生之前就已经存在，并将在他身后继续存在下去。在这种新的永生观中，关于特定个体带着他世俗本性中的种种偶然和特性而生存的观念，就逐渐化为乌有了。

现代思想和旧思想之间的第三个主要差异是对当前时间观念的重整，它使得传统宗教的一般形态变得过时且无用。人类思维中有一种强烈的倾向——把一切都解释成是过去事件的必然发展，可以说，无可奈何地使未来近在眼前，然而这种倾向已经被大量巧妙的批评所遏制。一个力求不断扩大和增长的发展观念，逐渐牢牢地扎根于人类想象力之中，把宗教生活引向了未来。我们不再想只是服从不可改变且占绝对统治地位的法令，而是想代表一种不断增强且自我建立的力量去加入人类旅程。科学向我们展现的世界历史，与宗教赖以存在的所有历史相悖。我们开始意识到，过去没有上帝创世，但创造永恒存在，堕落并不能解释善恶的冲突，这是一个风云变幻的提升过程，我们所认知的生命仅仅是一个开始。

似乎不可避免的是，如果宗教要在目前纷乱的人类事务中形成统一的指导性力量，它就必须使自己适应这种前瞻性的个体分析式的思维转向，它必须使自己摆脱其神圣的历史、粗鄙的成见以及来世个人利益的延续。对服务，服从，永恒效力，从个体生命痛苦的琐碎和死亡中解脱出来的渴望，是每一个宗教体系中永恒的元素。

为了完成前所未有的伟大任务，现在是时候彻底剥夺掉宗教的这一切了。服务于祖先的历史和象征，束缚并离间着我们，圣礼和仪式滋生争端，消耗我们仅有的情感。在宗教中，解释事物为何存在是一种不必要的努力。宗教的本质是对宗教的渴望，而不是关于它是如何产生的，如果你自己不渴望宗教，那么任何关于你在宇宙中所处位置的劝说和信念都不能给你宗教。现代信条的第一句话肯定不是"我相信"，而是"我给予自己"。

为了什么，以及如何给予自己？现在，我们来回答这些问题。

六

现代宗教是客观的

以宗教的方式给予自己是一种连续不断的行为，在一系列的行动中表达出来，它不可能是别的什么，你不能在奉献你自己之后就离开，继续以原来的方式生活。如果在信奉它的生命中并没有产生根本性改变的话，那就是对宗教的拙劣模仿，但是在我们种族那些传统和古老的宗教中，这种行为上的改变常常仅涉及面对神或众神的自我贬抑，或者仅仅是为了完善自我道德而进行的自我苦行。例如，在早期阶段，在隐士生活被有组织的修道院生活取代之前，基督徒的奉献除了为他人提供精神上的服务之外，并没有其他形式的服务，但是，随着基督教成为一种明确的社会组织力量，它就开展了一系列的治愈、安慰、帮助和教育活动。

无论是过去还是现在，现代趋势一直都在朝着这个方向发展，即最大限度减少以自我为中心的奉献和自我克制，并扩大和发展外部服务。随着对个体重视程度的降低，内在完美的观念也在减弱，我们不再想克制、提升或完善自己，而是使自己融入更伟大的生命之中。我们越来越少地想去"征服"自我，而更多的是想逃避自我，如果我们试图在某个方面完善自己，那只是像一名士兵在打磨和抛光一件必不可少的武器一样。

我们能够快速理解不断变化着的现实，也能以更加广阔、全面的视野来看待生命的历史，这一切打破了我们思想中的许多局限，这些局限曾一度限制着我们先辈的想象力。很多他们认为是固定的和决定性的东西，我们却认为是暂时的和可控的，他们认为生命固定在其所属物种中，受制于不可改变的法则，我们看到生命虽然在不安中苦苦挣扎，但却在汇集自由与力量，在反对限制和死亡的过程中越来越成功，我们目睹了生命最终进化至悲惨却又充满着希望的人类。我们意识到，今天的人类正面临着前所未有的可能性和巨大的问题，它们构成了我们的存在，现代宗教冲动的实践层面、物质形式、体现方式，是整个生命解决这些问题、实现其可能性的方向。现在摆在人类面前的选择，要么是精神的辉煌和成就的辉煌，要么就是灾难。

现代宗教生活同一切形式的宗教生活一样，必然有其微妙而深刻的内在活动，包括冥想，自我对抗，紧张，思索和探索的阶段，宁静和虔诚的心绪，然而，这些内在方面不在本书的探讨范围之内，我所要讨论的全部内容，是现代宗教活动的外在形态、方向和组织，以及在献身宗教的前提下，我们必须做些什么以及如何去做的问题。

现在，在我们正在觉醒的新的无垠宇宙中，它巨大的可能性为道德生活提供了一个全新的框架和环境。在过去固定和有限的观点下，对于那些被认为是不可救药的罪恶，善行实际上只是一针缓和剂。宗教团体照顾病人，给饥饿者提供食物，为逃亡者提供庇护所，并向有权势者乞求怜悯。它并不奢望去预防疾病、饥荒或暴政，在那不可战胜的邪恶和混乱的现实体系下，超凡世界成为人们的避难所。

但现在我们可以想象人类事务开始变得有序，其中的罪恶已经基本或完全被消除了，越来越多的人开始认识到这种有序状态是可能实现的，当我们意识到这一点时，就再也不能满足于仅仅进行缓解和安慰性活动的"善行"及正确行为了。这些事情仅仅是"急救"而已，宗教思想变得比以往任何时候都更加大胆，它穿过了曾经被认为是屏障的帷幕，认识到自己应该承担更大的责任。我们的行为如何才能有助于在人类事务中建立更好的秩序，这成了新的行为准则，超凡世界已经没有存在的必要了。

这种能实现更好秩序的可能，使我们立刻有了某种明确的行为准则，我们必须结束战争，而为了结束战争，我们必须统一全世界的政治。任何头脑清醒的人都认为，在某种共同的政治控制主宰地球之前，不可能从人类事务中消除战争中越来越具有破坏力的愚蠢行为，除非由于人口的增长，经济活动范围的扩大，或因生活标准和传统冲突而产生的某些压力得到疏解。

为了避免战争带来的现实恶果，并达到现在人们所看到的繁荣和力量的新水平，我们需要有效地控制世界，不仅需要控制武装力量，还需要控制基本商品的生产和流通，以及人口的流动和扩张。如果没有这种控制，梦想实现和平与世界发展则是荒谬的，有了这些保证，更多的人能够将他们的智慧和能量投注到科学研究与创造性工作的愉快活动中去，使人类的可能性不断增长和扩大。很明显，在政治方面，我们必须致力于推进这种统一。

人类生活中的这种进步，是巨大而持续进步中的第一步，这种进步似乎没有限制，现在不仅可以在现实中实现，而且是迫切需要的。机会摆在人类面前，它是挽救社会衰败的方案。但关于它是否会被采纳，是不确定的，也没有物质上的需求。人类不会无意间迈出这一步，它只有通过汇合了意志和能量的组织才能实现，这个世界此前从未见过这样的方式。

我们这一代人拥有更为警觉的头脑，这些都是展现在我们面前的新的当务之急，随着对生命历史和我们身边物质与精神可能性的现代解释的建立，它们将成为普遍的思想背景。邪恶的政治、社会、经济惯例和制度似乎顽固而庞大，但它们既不是永久的，也不是不可控制的，然而要控制它们，必须付出比维持它们的本能和惯性更强大、更坚定的努力。现代的不抱幻想的宗教，其外在任务是控制和引导政治、社会和经济生活，如果它不能做到这一点，那么它就只是一种缓解不适的药物，只是"人民的鸦片"。

宗教能不能汇聚所需的努力，使人类摆脱目前的混乱、危险、卑劣、挫折和徒劳，进入一个相对安全，知识不断积累，系统且持续地增长力量，并拥有广泛而深刻的幸福的阶段？这种幸福是充满希望和不断提升的生活所带来的。

我们在这里的答案是：在现代知识的光照下，宗教精神可以做到这一点，现在，我们主要是探究在汇聚努力的过程中，其起始阶段需要些什么东西。从这一点出发，我们为那些相信它可以做到，并且已经理解了世界历史和当代科学成就的人而写作。

七

人类该做什么

在我们思考以何种形式和方法完成这一不可避免的重建任务之前，最好先勾勒出主要路线，并尽力衡量出这项任务的规模。它施加了哪些新的形式于人类生活？它们是如何从现有形式演变而来或强加于现有形式之上的？这一切会面临哪些被动和主动的阻力呢？

人的生活中不可能有等待替代的停顿。日复一日，常规活动仍在继续进行，一个持续运转的新世界必须从一个持续运转的旧世界中产生。

现在对于这个新世界，最全面的构想是在政治、社会和经济上统一的世界。这一框架下，包含了我们所有关于进步的雄心抱负，为此，我们坚定前行，寻求指引生活的方向。目前，有许多人认为这有可能实现，但似乎不敢去期望它，因为存在着巨大的困难，而且他们还没有看到任何通过或绕过这些困难的迹象，也看不出有什么办法可以从控制着他们并分裂人类的各处政府那里逃脱。绝大多数人仍未把人类旅程视为一个整体，他们被既定事物的永恒和不可改变所迷惑，把当前的现实作为最终的现实。俗话说得好，他们看待世界是"所见即所得"。

但是在这里，我们是在为有思想的现代人写作，对他们来说，只有当存在一个统一的世界共同体来阻止战争，控制那些会导致战争的道德、生物和经济力量及损耗时，这个世界才是安全的和令人满意的。而且在某种意义上控制它们，会让科学知识，以及人类对自己的能力和可能性的认知与控制不断增加。

让我们澄清，我们想要用什么样的政府来取代现在这些临时政府。这将是一个新的心理学方向，这样一个世界共同体的指导方法不太可能模仿现有主权国家。它将是些全新而完全不同的东西。

这一点还没有被普遍认识到。人们常常想当然地认为，世界共同体将只是现有国家唯一的继承者和幸存者，它将成为一头与它前身有着相同形态和结构的巨兽。

但稍加思考就会发现这是错误的看法，现有国家主要是战争国家，而世界共同体不可能是好战的。几乎不需要总统或国王来领导军队，因为在没有战争的地方，不需要任何领导人来领导任何地方的军队，在一个多语言的世界里，人类议会或任何形式的面谈会议都是一种不可思议的政府工具，语音将不再是一种合适的传达方式。世界政府就像科学过程一样，将通过能够进行有效翻译的声明、批评和出版来运作。

当代国家的基本组织明显仍然是军事性的，而这正是一个世界组织所要摒弃的。旗帜，制服，国歌，在教堂和学校里精心培养的爱国主义精神，互相竞争的主权国家的吹嘘、叫嚣和咆哮，都属于公开的密谋即将取而代之的东西，我们必须清理这些乱七八糟的东西。所有人都理所当然地渴望，由最关切、最聪明和最忠诚的人组成的，具备适当条件的团体来管理世界上的集体事务，他们的活动应受到自由、公开和谨慎的批评，不会产生骤然的中断，又有足够的力量，能够在毫不仓促或拖宕的情况下，去调整或替换在总方向上疲软和令人不满意的东西。

许多读者可能会说，这个关于世界政府的概念非常模糊、不明确和复杂。但事实上，这是一种简化。当今世界各国政府不仅处于一种四分五裂、竞争混乱的状态，而且没有一个像表面看起来那么简单。它们看似简单是因为有正式的首脑和明确的形式，有委员会和投票大会等来做出决策。但是形式上的首脑，如国王、总统等，实际上并不是真正的决策者，他们只不过是傀儡领导人而已。他们不做决定，当决策提交给他们时，他们只是摆出有力而庄重的姿态表示默许，他们是复杂的赝品。委员会和议会也没有真正做出决策，它们常常非常不完善且令人恼火地记录下外部力量正在累积的意图，这些外部的真正指导性力量在它们的运作中无疑非常错综复杂，它们最终依赖于宗教和教育形式，以及群体的情感波动。但是它佯装自己很简单，并以统治者和独裁者的名义设立象征和傀儡来伪装，这丝毫不会简化人类集体活动的过程。承认集体活动不可救药的复杂性是一种思想简化，而满足于现有政府机构的虚荣做作，并将其运行中的所有问题都相互关联，则只会使问题复杂化。

目前，集体心理学的初步发展迫使我们在此问题上持模糊和临时态度，即如何最好地定义集体精神的意志以达到管理行动的目的。正如我们在1900年就知道空中航行是可能实现的，我们知道这也是可能的，但目前还不能做到。肯定存在某种决策方式和明确的管理机构，相较于现有研究方法引导下的想象，它实际上可能会是一个更简约的、不那么复杂的组织。它可能永远不会成为一个统一且紧密衔接的管理系统，我们可能会拥有世界控制系统，而不是一个单一的世界国家。例如，保持世界良好运转所需的实际规章、执行和官员，可能与维持沟通效率的控制系统只有非常松散的联系。我们现在所知的执法和法律裁决，可能会被我们的后代看作巨大且不必要的累赘。当一件事情的合理性变得明显，对其执法的需求就会减少，诉讼的必要性也就消失了。

公开的密谋，即取代、扩大或合并现有政治、经济和社会机构的世界性运动，随着它的发展，必然会面临实际控制的问题。在其发展过程中，它很可能会吸收许多积极的公务员，众多工业和金融领导与董事，它还可能吸收大批知识分子。随着其活动的扩展，它将制定出一整套特殊的合作方法，随着它的成长，也正是通过成长，它将学会总体方向上的事务以及如何发挥其关键功能。一种清晰的、冷静的、内在的批评是首要的必需品，是世界文明生生不息的精神，公开的密谋本质上正是这样一种批评，而将这种批评落实到工作现实中是公开的密谋的任务。就其本质而言，与其说它是为了建立一个世界性的方向，不如说它是为了使自己成为一个世界性的方向，而且随着经验的积累、权力的获得和责任的觉醒，其开始阶段的教育和军事形式将逐步唤起一系列管理、研究和关联形式。

正如我们刚才指出的，未来的世界控制与当今时代的国家政府在性质和功能上存在差异，这一差异有助于人们达成期望，即在许多情况下，公开的密谋可能会更倾向于通过抑制和麻痹国家政府的具有破坏性的军事活动和竞争活动，使它们逐步衰落，而不是通过直接冲突推翻它们来实现自己的目标。随着新的世界控制能力的发展，公开的密谋的最高使命就是保持它们的世界性和公正性，通过不间断的批评教育和宣传活动，使它们免于卷入国家和民族之间陈年的竞争和争斗中去。这种世界控制很可能独立发展，但另一方面，它们又极有可能继续像今天一样陷入纠缠混乱之中，需要历经一场斗争才能解脱。

我们重申，新的人类事务管理组织的性质将不同于旧式政府。它们在本质上将是生物的、金融的，总体上是经济的，而旧式政府基本上不是这样。它们的指导力量将是：（1）一种科学的有效批评；（2）人们不断增长的追求正确事务的意愿。旧政府的指导力量是个人、阶级、族群或多数人未经批判的幻想和意志。

宗教冲动的现代化使我们致力于建立世界国家，并将其视为一种责任，读者若细思为实现这一目标所必不可少的组织，就会得出这样的结论：一场旨在建立一个世界领导机构的运动，无论这一运动最初在人数和力量上多么有限，它要么思考自身发展成为一个世界领导机构的前景，以及通过消化和同化过时因素，形成一个完整的现代世界共同体，要么从一开始就承认它的一举一动都是徒劳的、业余的。

八

科学世界共同体的显著特征

在继续审视现代人所面临的实际任务时，我们可以进一步在这一世界共同体的综合概述中注意到当代理想的主线，任何形式的人类事务统一都不是我们所追求的目的，我们的目标是一种特定的统一。以发展的眼光来看，一个由恺撒主宰的世界并不比一个混乱的世界更好，我们所寻求的统一必须意味着思想、体验和创造性努力的世界性解放。

公开的密谋如若仅仅将夺取政权、掌握和保有世界权力视为成功的话，充其量也只是成功的空架子，甚至可能是成功的反面。假若为了从战争威胁和国际经济冲突所造成的浪费中解脱出来，需要以丧失所有其他自由为代价，那这种解脱是糟糕的。

正是因为我们渴望统一人类的管理，不仅是为了统一本身，而且是把它当作一种释放幸福和力量的手段，因此无论付出何种代价——延期，失去有效力量，处于战略或战术上的劣势——自由、充裕的批评之光都应当照亮这一管理，以及照亮建立该统一管理的运动和组织。

人类是一种不完美的动物，在黑暗中永远不值得完全信赖，无论在道德上还是在智力上，他都不能免于过失。我们大多数已经度过了青春期的人都知道我们对自己的信任度有多低，并且很高兴自己的活动受到有益监察的制约和保护。正是由于这个原因，一场带领世界走向更好的运动，必须摒弃秘密的方法或战术上的不诚实所带来的好处，这些应该留给我们的对手。我们必须从一开始就直截了当地声明我们的目的，并避免误解我们的行动。

公开的密谋不同于世界上一切狭隘的、危险的机构，无论是传统的还是新的，它必须是公开的密谋，否则就不能保持正义。它如果进入地下，就会失去意义。实现世界统一的每一步，都必须在白昼里进行，并尽可能多地获得人们的理解和同情，否则，即将取得胜利的那种统一将不值得拥有。基本任务必须在这样实现的统一框架下重新开始。

这种统治整个世界的坦率尝试，即我们的公开的密谋，必须以科学和创造性活动的名义和目的来进行。它的目的是释放科学和创造力，所以我们必须关注和批评斗争中的每一个阶段，以免发生紧急冲突而导致没有达成目的。

保障创造性发展和创造性活动的安全，意味着要在集体利益的基础上有效调节经济生活，每个人都必须有食物、住所和休闲。在人类生活能够自由发展之前，必须保障动物层面的基本生活需求。人不是单靠面包过活，他进食是为了学习和有创造力地加入人类旅程，如果没有食物，他就无法加入旅程。他的生活首要的是经济性的，就像房子首要的是生活的基础一样，经济上的公正和有效必须是其他所有活动的基础。但是，完全根据经济基础来评判人类社会，组织政治及社会活动的话，就会在过度关注供给中遗忘生命活动的目标。

诚然，人类确实像其他动物一样，是为了维持生计而斗争的生物，但与其他动物不同的是，人类可以借助各种方法来摆脱在生存资料上的竞争压力，而这种竞争压力是其他所有物种的命运。他可以抑制人口数量的增长，而且似乎能够进一步提高人均生产力，但具体方式尚未明确。因此，他完全可以摆脱为了维持生计而进行的斗争，拥有其他任何一种物种从未拥有过的剩余能量。对人口进行智能控制，能够将人类置于迄今为止还在控制着物种进化的竞争过程之外，除此之外，人类不能以其他方式从此过程中逃脱出来。

我们明确希望在不久的将来，人类会进一步探索有组织的繁衍，但这显然已超出了目前实际达到的成就高度，所以我们不必在这儿进一步讨论它。在此，我们只需知道，我们梦寐以求的世界共同体，即有组织的世界共同体，要推动并确保其自身发展，就需要以有计划的集体控制人口作为首要条件。

在女性的本性中，并不会有对于众多后代的强烈本能欲望，繁衍冲动是间接作用的。自然通过激情和本能来确保人口的增长，如果妇女有足够的知识、智慧和自由，就可以在必要时得到令人满意的称心和平静，而不必生很多孩子。在一个对这些问题有着清晰认识和明确实践的世界里，对社会和经济安排做出的调整，哪怕极其轻微，都将会提供足够的激励或阻碍，从而影响一般出生率或特定类型的出生率，因为社会的指导意见认为是值得的。只要大多数人都是在欲望和无知的情况下，不由自主地被生下来，人类就会像其他动物一样，长期活在生存竞争的压力下。一旦我们认识到人类生物学中这一根本性革命的可能性和实用性，社会和政治进程的性质就会完全改变。

在这样一个如此轻松的世界里，生产生活必需品所带来的一系列问题，完全没有现在的成功者争抢财产和自我放纵，普罗大众为了工作和勉强糊口所带来的问题那么令人苦恼。随着人口无限制增长，经济进程的终点将是多数人都只能勉强维持生计，除此之外，没有其他切实可行的选择，除了在维持基本生计的层面上享有众多的平等之外，没有其他任何切实可行的办法，除非允许一种经济安排上的不平等，即允许少数人能保留其所能获取的生产盈余来过上更高水平的生活，而不是仅仅用在无产阶级繁衍的层次上。在过去和现在，所谓的资本主义制度，也就是私人所有者在法律保护下对生产的无系统剥削，尽管整体上存在许多浪费和冲突，但总的来说还是发挥了有益作用，它抑制了普遍低质量消费的倾向，而这种普遍低质量消费本来是激进左翼忽视生物进程的必然结果。然而，随着对人口增长的有效抑制，人类面临着全新的可能性。

无论是正统还是非正统的经济学中一直存在着一个痼

疾，即它总是始于空中，围绕着当前的实践和信念展开，聚焦于工资、价格、价值和财产等问题，然而人类社会的深层问题实际上根本不在这些层面上。人类社会的主要问题是生物学和心理学的，而经济学的本质是应用物理学和化学问题。我们首先要研究的是我们要如何利用自然资源，其次是如何让人们以尽可能愉快和有效的方式去完成必须做的事情，然后，我们就应该有一个标准来判断今天的方法是否合适。

但是学院派的经济学家拒绝处理这些基本问题，而是愚蠢地摆出一副拥有现实智慧的姿态，其论题的开始从来都是不加批判地接受雇主和雇员之间的常见对立，并在利润和工资问题上发表连篇累牍的废话。可是，所有制和剥削劳动只是众多可能的经济方法中的一种。

然而，经济学家认真关注的只有当前的经济方法，其余的他们都忽略了。激进左翼会不由自主地用绰号来代替判断，谴责其他所有人都是"乌托邦式的"——这个词就像他们用来替代思考的另一个宠儿——"资产阶级"一样，最终都会从选民的脑海中消失。如果他们能说服自己某观念或说法是"乌托邦式的"或"资产阶级的"，那么对他们来说，它是对是错似乎都无关紧要了。它被处理掉了，就像在上流社会中，任何可以被贴上"无神论"、"颠覆性"或"不忠诚"标签的东西都会被处理掉一样。

如果在一个半世纪以前，经济学家们就需要解决世界的运输问题，那他们就会尽可能少地浪费口舌和笔墨，把所有关于铁路、汽车、轮船和飞机的讨论都搁置一旁，带着一种被斥责为奢侈的良好感觉，发表冗长且令人头疼的演讲、争论以及论文。其大概内容是论述公路及其连接方法，收费公路，运河，船闸费对驳船工人的影响，潮汐着陆点，锚地，剩余运载能力，运输工具，商队，手推车和步行者群体。拥有马匹的少数人和步行的多数人在感情和需求上会迅速而自然地产生差异，每一位不能骑马的哲学家，其心灵都会因后者所遭遇到的不公而感到痛苦，而每一位能骑马的哲学家都会将此问题最小化。于是，在狭小的人行道派、无人行道派和期盼着每匹马都必须在步行者群体的独裁统治下沿着一个普遍的人行道上行走的派别之间，形成了明显的分歧。这些东西，如人行道、道路、运河以及它们的交通，都被看作是"真实的"，而以每小时三十或四十英里或更快的速度上坡、逆风、逆潮而行的"乌托邦式"的计划，则会被嗤之以鼻、不予理会，更不用说那些难以置信的航空运输提议了。生命靠双腿行走，在轮子的帮助下，或漂浮在水上，或划船，或被风吹送，过去是这样，将来也永远是这样。

经济合作的心理学仍处于初步发展阶段，因此经济学家和教条社会主义者，他们有极大空间能卖弄学问和炫耀权威。一百年来，他们就"租金"和"剩余价值"等问题争论不休，写出的文献比中世纪学究们最糟糕的作品还要笨重、沉闷和愚蠢一万倍。

但是，一旦我们不再将这一历史悠久的传统问题，即创始人、组织者、劳动者、材料所有者、信贷交易商和收税人在总产品中的份额分配问题，当作经济学中的首要问题来处理；一旦我们解放思想，使其从使科学成为一场争论而不是一门科学的先入之见中解脱出来，并且以此开始研究这门学科——调查为了满足人类基本需求所需的机械和其他生产资料，如果我们从这一点出发，进而考虑如何以最少的劳动力和最大的满意度去运作这些资料和机械，并分配产品的话，我们就会将经济问题的处理转向可以评判现行的剥削、就业和财政方法的标准上，而不是一直争论不休。我们可以暂时搁置关于不同参与者权益的问题，将其视作后续和次要的考虑，完全从减轻负担和增加效果的角度，来观察每一种人类协作在整体努力中的贡献。

在工业组织和工业心理学的研究中，真正科学的经济学已经萌芽了。尤其是随着工业心理学的发展，我们会发现，所有这些关于所有权、利润、工资、财务和积累的讨论，它们迄今为止一直被视为经济学的主要问题，但其实在这些问题之上，还有一个更大的问题——在这个全球合作体系中，什么样的惯例、货币体系和财产概念发挥的激励作用最大，导致的摩擦最小，而这一全球合作体系必须构成统一人类活动的一般经济基础。

显然，在这样一个世界中，人类经济活动复合体的最高指导必将集中在一个信息和咨询机构上，该机构将考虑到地球上的所有资源，估计当前的需求，分配生产活动并控制分配。现代文明社会的地形和地质调查，政府地图，定期发布的农业和工业统计数据，是这种世界经济情报机构的第一个粗陋且不协调的开端。鲁宾[1]是人类不能忘记的先驱者，在他的宣传工作中，在他位于罗马的国际农业研究所中，开始逐年累月对世界生产、世界需求和世界运输进行公正审查。这样一个伟大的经济科学中心组织，必然会指导方向，它将指明在这里、那里和每一个地方最好去做的事情，解决一般的问题，审查、批准和提出新的方法，安排从旧到新的过渡过程。它不会是一个把自己的意志强加给不情愿或不服从种族的组织，它将是一个指引，就像地图指明方向一样。

地图不会将意志强加给任何人，也不会迫使任何人遵守其"政策"，但我们还是要跟随我们的地图。

整个社会必须充满让地图完整、准确、与时俱进的意愿，以及尊重其指示的决心。培育和维持这一意愿，肯定不是某一特定社会部门或经济部门的任务，而应由社会中具有正义感的全体人民来完成。因此，一场旨在追求普世和平、福祉和幸福的世界革命，其首要任务就是组织和维护这种意愿的力量，这种意愿将催生出现代社会的中枢机构——一个伟大的百科全书式的组织，它始终保持与时俱进，并为人类所有的物质活动提供大致评价和指导。

政府就是欺凌，它对"臣民"进行驯化和征服，以侍奉上帝、国王或社群的统治者，这种理解由来已久且仍普遍存

---

〔1〕 鲁宾（David Lubin，1849—1919）是一位商人和农学家，他在1908年于罗马创立国际农业研究所的过程中发挥了关键作用，该机构是一个致力于改进国际上的农业知识、实践和政策的组织。——译注

在。在原始社会的建立过程中，压倒意志，即驯化不服从的下级和劣势者，是一种必不可少的做法，它的传统至今仍影响着我们的教育和法律。毫无疑问，正常的人类意志必须与各种社会形式相适应，没有人天生是有道德的，但强迫和约束是社会这架机器产生摩擦的原因所在。在其他条件相同的情况下，一项社会安排的强制性越低，人们就越愿意、越自然、越容易接受它，道德努力浪费得越少，社会就越幸福。在其他条件相同的情况下，意志斗争和意志压制出现最少的国家就是理想国家，我们在建构想要的世界共同体的经济、生物和精神组织时，必须首先考虑这一点。

我们认为，控制人口压力是切实可行的，且不会与"人性"发生任何暴力冲突，只要提供适当的知识和意愿氛围，就不必像今天普遍存在的那样压制生产意志。同样地，人类的总体经济生活也有可能变得普遍令人满意，实现人类福祉、自由和活动的必需品，其供应量与现在相比会更加丰富，而受到的压制和奴役不仅不会比现在多，反而会无限减少。人类还只是在盲目的生存斗争中诞生了一半，其本性中仍带有他的自然母亲的挥霍无度，他仍需要学习如何从人类生命的角度出发，来衡量他所觊觎的商品。事实上，他才刚刚开始明白，在这件事上需要学习很多的东西，他在目前的经济方法上过分浪费了意志和人类的可能性。

我们现在知道，19世纪发生了一场关于个人主义和社会主义的争论，这场毫无意义的争论耗费了大量智慧，个人主义与社会主义被视为两个相互排斥的选择，而不是程度问题。人类社会过去是，现在是，而且肯定永远是一个复杂的调节系统，调节无条件的自由与合作事业的纪律及层级之间的平衡。事情的发展不会简单地从一个更个人主义的状态到一个更社会主义的状态，反之亦然，可能在某个地方个体主观能动性得到释放，而在另一个地方则增加了规范或约束。私有财产永远不能像极端个人主义者所希望的那样，在社会上得到保障，但在作用和范围上却不受限制，也不能像极端社会主义者所提议的那样被"废除"。正如蒲鲁东[1]所断言的那样，财产不是掠夺，它是对事物的保护，防止混乱与浪费。财产不一定是个人的。在某些情况下，私有财产可能会限制或禁止某些能产生公共利益的行为，并且在个体主观能动性的分配方面可能是不公平的，然而，解决这个问题的办法不是废除私有财产，而是对其进行调整。具体地说，财产是物质行动得以自由所必需的形式，而货币作为财产的抽象化形式，是财产清算的一般形式，它是个人自由行动和个人选择报酬的凭证。

人类的经济史就是一部财产观念运作的历史，它叙述了利己主义者的无限攫取，与被剥夺继承权者和失败者的怨恨，以及还未生效的普遍幸福意识之间的冲突。货币产生于一个抽象的惯例体系，并受到各种各样的限制、垄断和管

---

〔1〕 蒲鲁东（Pierre-Joseph Proudhon，1809—1865）是法国社会主义者、政治家、经济学家以及互惠主义哲学的创始人，是第一个宣称自己是无政府主义者的人，被许多人尊称为"无政府主义之父"。——译注

制。它从来都不是一个完全合乎逻辑的工具，它允许最广泛和最复杂的信贷、债务和掠夺发展，所有这些发展都带来了特定形式的滥用和腐败。这个故事错综复杂，我们今天生活中的依赖，压力，误导性服务，严重的尴尬和沉重义务之间的纠缠关系表明，并非像一些集体主义倡导者所认为的那样，存在一个简单且通用的解决方案。

但近一个多世纪的思考和调查已经清楚地表明，根据可行使权利的性质和所涉及的所有权范围对财产进行分类，必须成为今后所有社会公正制度的基础。

某些东西，海洋、空气、稀有野生动物，必须是全人类的共同财产，只有如此看待它们，且存在某个具体的机构来行使这些所有权的时候，它们才能完全安全。无论是何种集体管理，都必须保护这些共同财产，保护海洋免受废弃物的侵害，保护奇特的易受惊的野生动物不被猎人和愚蠢的收藏者灭绝。我们的世界在制定共同规则方面行动迟缓，致使许多美丽的生物灭绝，这是我们所受到的惩罚之一。现在还有许多主要事务和普遍需求，也要在维护共同利益的基础上来进行统一控制。地球的原材料应该属于所有人，而不应被任何贪婪的人或主权国家所垄断，也不应为了满足某个落后或讨价还价的人、部落对领土优先权的偶然诉求，而阻止其被普遍开发利用以造福人类。

在过去，大部分这些被普遍关注的问题都必须得依靠竞争性企业来解决，这些企业是由追求利润的个体创办的，因为当时，还没有哪一个集体组织能拥有解决和控制这些问题的能力。然而毫无疑问，任何理智的人都不会相信，从全人类的角度来看，让那些完全为了金钱利益工作的、不负责任的个人和公司来供应和分配地球上的主要商品是最好的方法。地球上的土地和所有可利用的自然产物，这些在很大程度上都在私人财产的管辖和使用范围之内，因为在过去，这是唯一得到承认和可行的管理所有权形式。在过去的几个世纪中，大型私营企业和具有经济职能的政府部门的发展都成了问题，只有通过公有制的发展，也就是说，或多或少是非个人所有制的发展，有组织的集体所有制概念才会变得可信。

即使是在相当现代化的国有企业中，人们仍倾向于在国王陛下的所有权假象中，回忆起警惕的、嫉妒的和原始的个人所有者角色。例如，在英国，人们依稀认为乔治国王（Georgius Rex）[1]仍盘旋在他的邮政总监之上，批准、反对并追究他的责任。但是，将一封挂号信从智利寄往挪威或从爱尔兰寄往北京的世界邮政联盟，几乎完全摒弃了个人所有者的惯例。它发挥了作用，受到批评时没有惶恐或怨恨，除了各国政治警察实施的偷窃信件和窃听行为之外，它运行得相当不错。而让它保持良好运转的唯一力量，就是人类的有意识的共同判断。

---

[1] Georgius Rex 是拉丁语中的"乔治国王"的意思，通常指英国君主乔治三世（George Ⅲ）。乔治三世在1760年至1820年期间统治英国。他在位期间，发生了许多重要的历史事件，如美国独立战争和法国大革命。此外，乔治三世还具有重要的政治影响力，对英国现代政治体系的发展产生了深远影响。——译注

但是，当我们规定在对海洋和陆地的总控制，及主要产品的获取、准备、分配和运输方面，用更高度组织的集体所有制形式取代个人私有制的时候——这种集体所有制接受自由批评并且对整个人类共和国负责——我们实际上已经概括了具体所有制的所有可能。如果我们再增设一个世界性的中央权威机构，让它来对货币体系进行必要的维护，这将确保货币与赚取报酬的劳动者之间的关系，并让货币始终代表商品价值。如果我们设想由一个社会化的世界银行组织，从整体利益出发充分控制信贷，我们就已经定义了除个人财产和不受限制的私营企业之外的整个领域。除此之外，社会心理学可能会让我们确信，每个人都可以自由地发挥自己的能力，从而为世界做出最好的贡献。如果个人土地所有者或矿产所有者从世界上完全消失，那么大片土地将属于拥有相当稳定租赁权的佃户、住户和集体所有者的授权人。允许耕种者从他自己的个人生产力中获得尽可能充分的利益，以及让住户按照自己的意愿来设计他的房子和花园，将会成为被公认的最佳选择。

　　广义上，就其发展方向和经济生活而言，这就是现代人所想象的世界共同体的特征。因为不相关的个人所有者不能恰当地利用这些所有权来维护共同利益，所以组织能够行使这些广泛所有权的集体机构，是摆在当今聪明人面前的需要解决的现实问题。我们仍不清楚这种集体组织机构的性质，甚至在它们是选举产生的机构，还是从其他权威那里获得授权的团体等问题上，我们也不得而知。它们的行动范围和方法，它们彼此之间以及与中央控制系统的关系也有待界定，但在结束本书之前，我们至少能够为这种定义的开端提供一些精确信息。

19世纪社会主义的形式多种多样，其中包括高度僵化的模式，是旨在建立上述集体控制的一系列计划，但其中大多数计划都非常粗略，完全没有经过充分的心理分析，而这恰恰是必要的。18和19世纪，自私的个人主义利用新的更具生产力的技术及金融方法，催生出了种种赤裸裸的不公正，起初的抗议和反抗运动主要就是针对这一点，它们的要求往往超越了社会的合理限度，并极度低估了集体控制所带来的困难和危险。它们总是充斥着愤怒与不耐烦，虽然它们所建立的东西寥寥无几，暴露的问题却很多。因为有这些先驱运动所取得的进展和经验教训，所以我们能够更好地衡量我们面临的任务的艰巨性。

九

现在不可能有一个稳定的乌托邦

公开的密谋指导下的行动都是为了建立这个统一的世界，它们不能被描绘成固定的、千篇一律的幸福景象。事实上，人们可能会有所疑惑，如果条件没有稳定变化，没有不断扩大和令人振奋的机会，幸福还有可能存在吗？人类从人口压力、战争浪费和财富资源的私人垄断中解放出来，将以强大且不断增长的意志和能量面对宇宙，变化和创新将是生命的常态。每一天都有巨大的趣味，每一天都将不同于以往的任何一天。生活，曾经只是例行公事、忍耐和不幸，而今将充斥着冒险与发现，它将不再是"那个老生常谈的故事"。

我们才刚刚摆脱动物们为生存而进行的斗争，我们刚进入人类自我意识的黎明时刻，我们的主宰意志才刚刚觉醒，我们相信，通过科学和艺术对内外部世界的不断探索，将促进力量和行动的发展，目前我们无法对其加以限制，也无法赋予其任何确定的形式。

我们的对手是思想混乱、缺乏勇气、缺乏好奇心、缺乏想象力、懒惰和挥霍无度的自我主义。这些是公开的密谋所反抗的敌人，这些是看守人类自由和成就的狱卒。

十

公开的密谋不能被认为是一个单一的组织；它是一个生活的概念，它将发挥作用、创造组织并指明新的方向

这一公开宣称的意图是在当前各国政府的分散局面中建立一种世界秩序，消除迄今为止赋予政府典型形式的军国主义观念，并且保障信贷和经济生活的基本流程，使其免受私人逐利和个人垄断的影响，这是公开的密谋的实质，现代宗教思想必然要在其实践活动中致力于这一点，这也肯定会引起巨大的反对。这不是在一个清晰的领域中进行的创造性努力，这是一种不攻击既定事物就难以激起波澜的创造性努力，这是对随波逐流，对"放任自流"的否定。它批评人类生活中从上到下的一切，认为每一件事都不够好，打击的是人类的普遍期望——感觉事情"一切都好"。

有人可能会得出这样的结论，尽管这个结论站不住脚：在推动革命性变革的过程中，我们唯一可以寻求同情和热情帮助的人，就是那些不幸的、不满的、一无所有的和在生活斗争中被打败的人。这一观念建立在对人性完全粗浅的理解之上，是教条的阶级斗争的根源。成功的少数人被认为没有

实际的动机去推进社会革命，而只希望保留和加强自身所具有的优势，为此，他们团结在一起，进行一种荒谬的、卑鄙的阶级行为，当然这种团结是完全虚构的。另一方面，不成功的大众被认为能够清楚地认识到自己处于劣势，他们越是贫穷、越是痛苦，他们的头脑就越清晰，也就越接近他们的起义、建设性的"专政"和千禧年。

这一理论很有道理，人类和其他动物一样，在环境还可以忍受的情况下就会保持现状，而在环境不舒服的情况下就会希望改变。因此，"富裕"的人群中有相当大一部分人很少或根本不想改变现状，尤其是那些太过沉闷而不会对不思进取的生活感到厌烦的人。与此相反，那些正在忍受着经济拮据和人口压力带来的不便的大部分人，却渴望改变现状。但是，广大的普通民众已经习惯于低人一等和被压迫了，他们甚至没有改变现状的强烈渴望，或者，即使他们确实感觉到自己处于劣势，但他们对改变的恐惧也多于对自己劣势的厌恶。此外，那些感到非常痛苦而意识到"应该做点什么了"的人，更倾向于幼稚地、威胁性地要求上帝和政府给予补偿，并对那些碰巧与他们有直接接触的，让人羡慕的幸运儿，采取报复和惩罚行动，而不是去响应这种复杂的、试探性的、有纪律的建设性工作，因为只有这种工作才能改善人类的命运。在实践中，人们发现激进左翼往往倾向于采取恶意的破坏性活动，而且如此缺乏创造性，以至于在面对实际困难时几乎无能为力。在苏联，至少在城市中心及其周边地区，马克思主义已经经受了考验，工人共和国的学说仍然作

为一种统一的话语存在，而在这一信条之下，一个靠由于
其信仰而获得权力的群体，在西方金融家和政治家的猜疑
和敌意的阻碍下，尽力进行着一系列有趣而各具成效的社
会经济实验。在这里，我们没有篇幅来讨论新经济政策和
五年计划，但《人类的工作、财富和幸福》一书中对此有
所涉及。

现在，某些阶层的人，如暴徒和窃贼，似乎对社会有百
害而无一益，而另一些人，如赛马场的赌徒，看似只是提供
了一些消遣和娱乐，却带来了极大的损害。任性的游手好闲
者只不过是社会的负担。再者，其他社会阶层，如职业军
人，他们身上的某种传统荣誉掩盖了一个事实——他们的服
务对于发展中的现代社会来说，本质上是一种寄生。在现代
夸大和群体暗示的条件下，爱国主义病毒恶性发展，军队和
军备就是其所产生的毒瘤。但是，既然当今世界上存在着准
备采取强制性行动的军队，那么公开的密谋就有必要在自身
内部发展出抵抗军事强制，打击和摧毁那些阻碍其出现的军
队的能力。也许，上面列举的前两种人可以被定为阶级，并
从有组织的改造世界的努力中被排除，但显然士兵不可以。
只要地球上还有人挥舞旗帜、穿着制服、持有武器，以国家
主权的名义向他们的同胞施暴，干涉商品的自由流通，世界
共同体就需要有保护自己的科学方法。

当我们谈到控制着现行体制的一般职能阶级：土地所有
者、工业组织者、银行家等时，就会更加清楚地看到，新秩
序的领导力量应主要来自这些阶级队伍，以及他们的经验储

备和传统方法。举例来说，让我们考虑一下，公开的密谋是如何与银行业中的各种活动、惯例、积累和优势相联系的。毫无疑问，许多银行家和银行业的做法都是以个人或团体的利益为重，不惜损害大众利益。他们囤积、垄断、限制和侵占，以此增加他们的财富。而银行业的另一主要做法则遵循常规和既定惯例，它们使事情得以继续运转并维持着现状，既不妨碍也无助于发展进步的世界金融组织。但是，在银行业中，或与银行业有关，或在精神上对银行业感兴趣的人中，仍有一些富有创造力的智慧之人，他们确实意识到银行业在世界事务中扮演着非常重要和有趣的角色，他们对自己错综复杂的职能感到好奇，并倾向于科学地调查其起源、条件和未来的可能性。这类人自然会加入公开的密谋，他们的调查必然把他们带出银行家惯常的领域，去考察整个经济过程的性质、趋势和命运。

现在我们将在许多段落中重复前述的主题，并且将对其进行适当的修改，使其同样适用于工业组织者、商人、运输组织者、广告商、零售经销商、农业家、工程师、建筑商、经济化学家，以及许多在当代社会中发挥作用的其他人群。在所有这些人中，我们应该首先区分出低劣的和有害的部分，然后是遵循既定惯例的平庸部分，最后是积极的、进步的部分，我们自然会向最后这个部分寻求发展，以实现我们所希望的进步的世界共同体。我们的分析可能不仅仅局限于个人类型的划分。几乎在每一个人身上，我们都会发现一种复杂性，一个喜怒无常、目的混乱的人，有时是卑鄙的，有时是随波逐流的，有时是机警且在智力和道德上都很进步的。公开的密谋如果无法完全得到一个人，就必须满足于获取他的一部分，就像它吸引多个阶层的一部分一样。

将当代社会中所有或几乎所有功能阶级的一部分人汇聚起来，从他们的选择中构建出世界共同体的雏形，这种想法显而易见，但它仍未得到实际的认可。人是一种病态的群居和党派生物，他深陷于自己眼前的争斗中，与自己的同类站在一边，因为这样做能保护自己。实业家最善于批评他的同行，但他发现一切罪恶的根源都在银行家身上。受雇工人把所有社会错误的责任都推到"雇佣阶级"身上。大多数经济和社会反应中都有愤怒的成分，历史上几乎所有改革或革命运动，其本质上都是一个功能阶级或类型不分青红皂白地攻击另一个功能阶级或类型，且假定冲突的全部责任都在于被攻击的阶级，而发动攻击的阶级在共同体中是自给自足的，完全可以不需要那些恼人的合作者。在这样的指责中，通常涉及相当多的正义因素，但公开的密谋不能利用这些阶级仇恨作为自己的驱动力，因此，它不可能有统一的方法。它对每一个阶级，都有专属的改造和发展设想，因此它进入每一个阶级的角度都不相同。毫无疑问，有些阶级将被完全消灭，而另一些阶级——例如科学研究者——则必须被认为几乎完全是好的，并只想增加他们的人数和增强他们的能力，但就像它不能采用任何一个现存国家或帝国的主张作为自己的基础一样，它也不能以任何特定阶级的偏见和过激言行作为自己的基础。

当我们清楚地认识到，我们心目中公开的密谋的连接纽带是某些普遍的总体思想，并且——也许除了科学工作者之外——我们目前没有一套思想态度和活动习惯，可以直接照搬过来为公开的密谋服务，这一处境使我们认识到，我们所设想的这场运动从一开始就必须具有多样化的传统和要素，并且在方法上也是多样化的。它必须使用多种装备在多条战线上作战，它将具有一种共同的精神，但我们可以预见，许多推动它的力量，在对它的理解和认同上可能存在着非常大的差距，公开的密谋不是一个简单的组织。

十一

在伟大的现代社群中仍普遍存在着针对公开的密谋的反对力量和抵抗行动。针对传统的战争

现在，我们全面而明确地阐述了"世界共同体"的思想，它是"公开的密谋"的目标，并且初步考察了这一运动的构成，表明它必然不会是某一阶级的发展，而是许多不同阶级的人在一个共同思想下的汇聚。它的首要任务必须是阐述、呈现和宣传这一共同思想，开展一场持续不断的教育革命运动，在人们的头脑中建立一种现代的思想观念，进而产生实现其理念这一无比宏伟的任务。

这些任务并非在真空中完成，而是必须在一个稠密的世界中实现，这个世界有密密麻麻的、无休无止的、热情洋溢的、缺乏协调的活动，有市场和报纸、播种和收获、出生、死亡、监狱、医院、暴动、兵营和军队演习、假先知和皇家游行、游戏和表演、火灾、风暴、瘟疫、地震、战争。每时每刻都会发生一些事情，在帮助或阻挠、刺激或破坏、阻碍或挫败建立世界共同体的创造性努力。

在我们继续讨论如何选择和组织这些多种多样的冲动，

主要是宗教冲动之前，这些冲动寄托了我们对于人类更美好生活的希望。在我们计划如何将这些推动力汇聚成一个协调一致的活动系统之前，我们最好先回顾一下，从一开始，公开的密谋就将与之发生冲突——现在已经与之发生冲突——的主要反对力量。

首先，我们将考虑这些力量在当今高度发达的西欧国家及在美洲的表现，后者的社会习惯和政治观念在很大程度上仍然归功于欧洲的影响。所有这些国家都濒临大西洋或其支流海域，所有这些国家都是在美洲被发现之后才发展成今天的面貌的，它们都有着根植于基督教思想的共同传统和大体相似的方法。在经济上和社会上，它们呈现出当前所称的资本主义体系，但我们在这里把它们简单地称为"大西洋"文明和社群，这将使我们避免出现大量争议。

本节只讨论这些大西洋文明与即将到来的世界文明的关系就足够了。随后，我们将讨论那些反对公开的密谋的力量，因为这些力量已经越过了目前在世界事务中占主导地位的国家的正式范围，出现在被它们的扩张所削弱和损害的社会制度中，出现在一些从人类野蛮和原始的过去中幸存下来的、组织化程度较低的社群中。

公开的密谋并不一定与所有现存政府对立，公开的密谋是一场创造性的组织运动，而不是一场无政府主义运动。它不想破坏现有的管控及人类联盟的形式，而是想要取代它们或将它们合并为一个共同的世界领导机构。如果只是把宪法、议会和国王看作临时制度，看作世界共同体时代的受托人，只要它们本着这种精神行事，公开的密谋就不会攻击它们。

但是，大多数政府不会以任何临时的方式行事，它们和它们的支持者坚持要求要对它们保持崇敬和服从，并且拒绝任何替代的可能性，本来应该作为工具的政府却变成了神灵。几乎世界上的每一个国家，为了应付可能发生的战争的需要，都在大肆培养人们对国旗、制服、总统和国王的忠诚和机械式服从，这种培养极为可耻且危险。一个总统或国王，若能出色且公正地履行其公职，他就有资格得到人们的顺从，就像人们顺从一个同样出色并且公正地完成自己工作的砖匠一样，他也只能得到这些。但相反的是，人们一直在努力赋予他不受批评和指责的偶像特权，而且随着交往和战争情况的改变，有组织的旗帜崇拜，已经成为对我们民族集体冲动的一种完全邪恶的误导。在纪律和合作的事业中，情感和感性被唤起，而纪律和合作是很容易维持的，理性的信念会进一步巩固它们。

公开的密谋必然反对所有这种难以平息的忠诚，尤其是反对与此忠诚相关的咄咄逼人的断言和宣传。当这些东西压制合理的批评，甚至禁止其他形式的政府建议时，它们显然就站在了所有人类幸福总体计划的敌对面。从更广泛的角度来看，他们明显富有煽动性，对"国王和国家"的忠诚逐渐变成对人类赤裸裸的背叛。目前，几乎所有地方的教育机构都在进步的道路上设置障碍，而仅有微弱的尝试去进行任何能打破这些障碍的反教育活动。当激进的民族主义者挥舞着他的旗帜反对我们种族的幸福时，我们几乎没有或根本没有力量去制止他，也没有力量去保护世界上的孩童免受该种热情的感染，现在美国的制度和任何一个欧洲国家的制度都是如此。

现代社会的广大群众，全都在积极地默许着对爱国思想和爱国符号的崇拜，这很大程度上就是基于这类训练。这些东西对今天的大多数人来说并不是必需的，在不需要对他们的私人生活进行任何剧烈破坏，也不需要对他们进行任何严重的社会或经济调整的情况下，大多数人就可能改变思想方向。在这种情况下，思想净化可以对抗这种思想感染。欧洲的大多数人，以及美国和其他美洲共和国的绝大多数人，都可以成为世界公民，且不会对他们目前的工作造成任何严重阻碍，反而能大幅度地改善他们目前的安全状况。

但是在每个社会中都存在着一群特殊阶级，从国王到海关官员，他们更热衷于爱国主义，因为爱国主义是他们的职业，是他们荣誉的源泉，因此他们本能地抵制思想向着更广阔前景的任何转变。就这些人而言，如果他们的生活方式没有发生危险和惊人的变化，他们的思想就不可能得到净化。对这些职业爱国者中的大多数人来说，公开的密谋打开了一扇大门，这扇大门引导他们从显赫和特权的奢华天堂，走向严峻的荒野，在这片荒野中，他们丝毫没有过上舒适的、杰出的生活的希望。几乎人性中的一切都将驱使他们远离这些向世界和平敞开的大门，如果可能的话，他们会锁上大门，并且尽可能快地种植灌木丛来隐藏它们，让它们被遗忘。对大多数这样的人来说，在过渡时期担任受托人似乎只是一种终极堕落的伪装。

从这类职业爱国者中可以很明显看出，公开的密谋只能招致反对。它可能会从这些阶级中分离出个体，但只能通过剥夺他们的基本阶级忠诚和特征才能实现，整个阶级将依然保持对抗性。在皇家法庭和总统官邸里，外交和军事圈子中，以及任何人们拥有头衔和制服，在现有政治体制的基础上享有特权和优待的地方，都将完全无法理解公开的密谋的必要性。这些人和他们的女眷，他们的朋友和熟人，他们的仆人和家属，都被历史悠久的社会习俗、情感和浪漫声望的传统所强化，他们将坚持认为自己就是现实，而世界城只是一个梦想。只有具有非凡的生命力、罕见的智慧和天生道德力量的人，才能摆脱这种阶级条件强加给他们的反进步的习惯。

这种传统和忠诚、商业和职业、特权阶级和官方爱国者的纠葛，这种体现了非常简单、自然和悠久历史的观念，即民族分离永远存在以及国际与阶级冲突永无休止的人类综合体，是公开的密谋在其开始阶段的主要目标。随着公开的密谋的发展，必须解开这些纠葛，在它基本被解开和被厘清之前，公开的密谋只能是一个愿望和计划。

人们可以称那些人为"必然爱国者"，他们之间的纠葛本质上是不同的，与古老的欧洲共同体相比，美国和拉丁美洲国家的纠葛相对来说不太复杂和广泛，但由此产生的有害性并不因此减弱。直到最近，军事服务才成为美国社会生活中的重要因素，迄今为止，关心国家事务的爱国者和国家之间真正有生命力的联系主要集中在海关和租界。美国人对"国王和国家"的忠诚并不成熟而浪漫，他们想到的只是美国和它的国旗。

美国人对爱国主义的夸大始于对海外剥削的抵制，他们即使在赢得政治与财政自由之后，也存在长期的工业和财政依赖阶段。尽管美国人最近意识到了美国的巨大力量和相对繁荣，以及他们附近的西班牙语和葡萄牙语国家可能会不断扩大，但他们的思维在很大程度上仍然习惯于自我保护，以抵御现在假想的欧洲危机。在19世纪前四分之三的时间，美洲大陆的人民，特别是美国人民，感受到了英国在工业和金融方面的优势，理所当然地害怕欧洲会进攻美洲大陆。日益增长的移民浪潮威胁着他们最根深蒂固的习惯，这些移民不一定会认同他们。对国旗的崇拜主要是作为对欧洲的否定而强加于人的。欧洲不再以压倒性的警示笼罩在美国头上，所以不再有任何保护美国工业的实际理由，没有它，美国财政会更繁荣，但现在爱国主义的利益已经如此深入人心，并且将继续发展下去。任何一位敢于在言论和观点上表现出世界性的美国政治家，都不可能完全逃脱爱国记者的聒噪。

我们已经说过，在任何一个国家，对现行统治方式感兴趣的阶级群体都受到传统的维护，并受到其性质和条件的推动，以保护自己不受到挑剔的批评。因此，它无法摆脱其发展过程中所形成的竞争和好战的民族主义形式，除非面临极度衰弱的危险，否则这样的先天形式就不可能发生丝毫改变。所以，虽然在大多数现存国家的政府和旗帜周围，或多或少地存在着类似的爱国主义阶级群体，但由于本质使然，这些阶级群体不得不保持分离和相互对立。你不能指望由士兵或外交官组成世界联盟，他们的存在和本质依赖于这样一种观念，即诸民族间的分裂真实存在且无法弥合，而且从长远来看，战争无法避免。他们的忠诚中包含了对所有外国人的敌意——即使那外国人与其自身完全相同——由此产生出无尽的烦恼、猜疑和警惕，再加上影响到所有其他阶级的，对世界性敌对必要性的广泛宣传，这将持续导致战争。

但是，尽管爱国主义阶级挑起战争的手段是传统的，但现代科学创造了一种新的、更强大的战争手段，正如第一次世界大战所表明的那样，即使是双方最保守的将军也无法阻止来自机械师和化学家的巨大干预。结果造成了没有现代工业组织的支持和广大人民的默许，军国主义分子就无法作战的局面，因此，我们目前面临着这样一种矛盾的情况：爱国主义传统使好战阶级掌权，但他们本身却完全没有能力进行战争。当战争的灾难真正发生时，他们必须向在和平环境下形成的其他阶级寻求支持，这些阶级不仅在战争中没有好处，而且整体上必然遭受战争带来的巨大混乱、不适、破坏和痛苦。因此，对于官方统治阶级来说，最重要的是使这些新的社会大众和力量继续受旧的社会、情感和浪漫传统所支配，而对于公开的密谋来说，最重要的是解放他们。

在这里，我们开始思考另一个由人、利益、传统组成的庞大体系——教育界、各种宗教组织的世界，此外，还有由报纸和其他期刊、书籍、戏剧、艺术，以及所有塑造舆论和指引行动的表达和提议工具组成的纷繁复杂、捉摸不定的世界。这个体系的所有运作要么是维持，要么是摧毁旧民族主义激进分子的势力，于它而言，最简单、最直接的选择就是接受这股势力。因此，教育组织现在在很大程度上是社会中的保守势力，它们在大多数情况下直接受当局控制，无论是在形式上还是实际上，它们都必须要尊重当前的恐惧和偏见。如果它们限制和塑造年轻人，而不是让他们自由发展，他们遇到的麻烦会更少。因此，即使是在科学与哲学这些生机勃勃、不断进步的领域，教师也会更倾向于去接受、规范和定型，即使在那里，他们也在阻碍前进的步伐。很明显，"公开的密谋"要么不断干预和激发他们，要么坦率地对抗他们。大学的声望依赖于光荣的过去，而它现在又需要去适应充满探索、实验和变化的世界，所以它在这两者之间苦苦挣扎，这些具有学术声望的特定组织在现实世界中是否具有真正的价值，还是一个悬而未决的问题，一个全新规划的现代世界可能会产生一所与当代大学类似的机构。可以说，完全摆脱这些机构身上挥之不去的中世纪遗风，它们与青少年教育的紧密联系以及它们古老且有影响力的地位和荣誉观念，将会促进而不是损害现代研究。

同样，普通宗教组织的存在也是为了自我保护，它们倾向于追随而不是引导大众思想的潮流。事实上，它们是通过复兴主义和新的变革而存活下来的，在一开始它们往往会抵制这种变革，例如天主教会曾经抵制方济各会的觉醒，但它们的正式倾向是保守的，它们对于宗教的发展态度是：到此为止，不再前进。

在这里，学校、学院和教会都是思想和教育活动的场所，一般而言，它们拖累了进步的推进，但并不一定必然如此。学校教师也可以很有独特性、激励性和创造性，并且如果他足够幸运，又是一名优秀斗士的话，他甚至可以在世界上取得相当大的成功。大学教师和研究员可以开拓新的道路，而不受老一辈教授的摧残。国内外大学之间的竞争，不能完全屈服在乏味和谄媚的力量之下，它们必须与庸俗的观念保持一定的差异，并在智力上保持良好声誉。

当我们从组织性较强的智力活动转向组织性较弱的智力活动时，我们会发现保守主义的影响在重要性上有所下降，大家能够更自由地发挥创造力。新鲜感是新闻、文学和艺术获得成功的首要条件，正统观念中并没有什么新鲜事可说，但是，只要是不切实际的、肤浅的、不合逻辑的发明就很容易满足对新鲜感的渴望。

这一古老的传统民族主义社会和政治等级制度阻碍了通往新世界的道路，然而，其影响并不只是通过控制学校和学院来实现的。事实上，这也不是它最强大的活动，但愿如此！旧秩序与新生力量之间还有一种直接的、不太明确的联系，这种联系更为有效地延缓了现代世界共同体的发展。必然地，旧秩序决定了现有的生活方式，这种生活方式在最好的情况下是宽裕的、舒适的、有趣的、受人尊重的，它拥有所有进入和退出的通道以及对既定日常生活的全面掌控，它能够，事实上也确实在，以几乎无意识的方式要求人们遵从许多规范。因此，对于那些明显持不同意见的人来说，很难有机会参与到非常广泛的社会生活中去。再者，旧秩序为其子女的成长、福利和进步提供了全面的保障，它控制着荣誉和自尊的源泉，提供了一个规划好的行为世界。新的创举只能以孤立个体的形式出现在各地，这里有一位发明家，或者那里有个大胆的组织者或有活力的思想家。除了具体的工作之外，创新型的人发现他必须得与既定的事物保持一致，否则他的女眷们会被排斥，即使在成功的活动中，他也会被孤立的感觉所困扰，尤其他越是强烈地进行创新，就越没时间去寻找志同道合的人并组织新的社会生活。新事物和新思想即使大量涌现，也是零散无序的，旧秩序会把它们一网打尽，以美国为例——无论是在拉丁语系还是在英语系——在许多方面都是旧秩序对新秩序的胜利。

里德[1]等人认为，新世界将是一个全新的世界，这是把新世界表面上的解放理想化了。实际上，随着美利坚合众国那些劳苦农民和商人一个接一个地获得富裕、闲暇和自由，他们更容易接受欧洲精心准备好的社会模式和习惯，而不是根据他们的平等主义专长去创造出一个新的文明，但是，在

---

[1] 里德（Winwood Reade，1838—1875），英国作家和历史学家。他最著名的作品是1872年出版的《人类的殉难》（*The Martyrdom of Man*）一书。这本书中，里德讨论了他对各种主题的看法，包括战争、宗教、自由和知识。他认为，新世界（指美国）将提供一个全新的开始，并为一个崭新的、改良的社会提供机会。——译注

他们适应后的"社会"中仍存在缺口。詹姆斯[1]是一位敏锐的社会现象观察家，他指出，由于缺少宫廷活动来"继续"为社交集会和着装提供正当性，所以美国社会生活中存在着一种奇怪的无头症，社会生活在模仿宫廷的准备过程中没有任何政治的正当性。在欧洲，富有的实业家和金融家也正在被旧秩序同化，且天然地更富有逻辑性。他们真的找到了一个可以"继续"的宫廷，直到1917年君主制国家开始转变为共和国之后，他们的社会体系才真正被斩断。

以这样的方式，大量的模仿者和依附者，加上或多或少被同化了的富人和积极分子，极大地强化了与旧激进民族主义秩序紧密相关的阶级群体。一位伟大的实业家娶了侯爵的女儿为妻，有几个儿子当了卫兵，还有一个女儿是公主。美国利兹家族的钱财，逃离了原籍地，帮助巩固了希腊的君主制度，该君主制度是有害的。因此，新人的社会功能和私人生活在相互交战。伟大的实业家或金融家的真正利益在于世界性组织和世界共同体的物质发展，但他的女人们却在他身上插满了旗帜，他的儿子们为了陈腐的荣耀和理想王国的浪漫，准备牺牲自己和他的一切事业。

但是，只要伟大的商业组织者有能力和创造力，他就有可能意识到旧秩序迫使他为娱乐、社会利益和家庭安宁与舒

---

〔1〕 詹姆斯（Henry James，1843—1916），美国作家，也是19世纪末20世纪初的重要文学评论家和艺术评论家。詹姆斯以其精细入微的社会观察和对人性心理的描写而闻名。作品主要涵盖小说、戏剧和文艺批评。——译注

适付出代价，并为此感到沮丧和愤慨。公开的密谋对他的威胁是不会消失的，它甚至可能以一种解放的姿态出现。如果他的女人对他的生意感兴趣，而不是只顾取乐，如果他及时意识到，他的儿女们在实践上、智力上和道德上，都被旧秩序绑架了，他可能很容易从顺从转变为反抗。但在这方面，他不能单枪匹马，这是一场社会行动，而不是个人行动。显然，"公开的密谋"的活动中，必须包括一场伟大的斗争，这场斗争是为了保卫那些起经济作用的人的灵魂。它必须从社会中开辟出一个属于自己的社会，只有创造新的美好的社会生活，才能抵挡旧秩序的诸多优势和吸引力。

这种不断回归传统的吸引力，不仅适用于那些可能成为新社会类型的大人物，也适用于那些在现代经济体系中真正起作用的小人物。他们没有与新的经济关系相适应的社会生活，于是被迫回到与他们在旧秩序中大致类似的行为方式上。例如，现代大型企业中的各种管理者和工头，仍延续了从贵族领地制度中的管家、商人、佃户和高级仆人那里习得的现成生活方式，他们几乎是不由自主地、慢慢地、一代一代地摆脱了社会顺从的习惯，这些习惯在社会进程中不再必要，也不再方便，他们获得了对自己的正式自豪感，并有了要对计划忠诚负责的新观念。他们发现自己受到阶级疏离和对一般劳动大众的优越感的影响，这种观念在新条件下往往是不合理的。通过逐步淘汰非技术工人、苦工和普通劳动者，机械和科学组织已经并且仍然革命性地改变了生产活动。但是，现代社会的社会组织和这种淘汰后留下来的相关工人彼此之间的态度，仍然受到地主、中产阶级佃户与奴仆传统的困扰。现代职业工人大众的自尊和相互尊重的发展，显然是公开的密谋的密切关注点。

近百年来，"劳工"与"资本"的对立浪费了大量的道德力量，似乎这是人类事务中的首要问题，实际上这从未是首要问题，而且它的重要性正在逐步消减。古代文明确实是建立在奴隶制和农奴制的广泛基础之上的，人类的肌肉是能量的主要来源——与太阳、风和洪水并列，但是发明和发现已经改变了管理和利用力量的条件，以至于人力在经济层面上变得次要和无关紧要。我们不再需要伐木工人、汲水工人、搬运工人和锄铲工人，我们不再需要一群汗流浃背的强健身躯，没有他们，就没有以前的文明。但现在，我们需要聪明警惕的守护者以及驱动者来掌控复杂精密的机器，这些机器很容易被误操作、野蛮对待和破坏。这些掌握机器的人越是不愿意过度繁衍，世界上就越会有更多的空间和食物来满足他们丰富的生活，即使是完全机械化的文明中的最底层，也需要人的因素。在现代世界中，人群是一种生存模式，他们将成为过时的事物，因此人群心理学不能作为新秩序的基础。

正因为劳工变得更聪明、更有责任心、更有个人效率，所以他们在社会事务中越来越有话语权，也越来越不能容忍。正是因为他们不再仅仅是一帮劳动者，而且在具体细节上的合作越来越聪明，所以他们现在痛恨被当作奴隶来对待，痛恨像奴隶一样住，像奴隶一样吃，像奴隶一样被驱赶，痛恨他们的自尊、思想和感情被漠视。劳工之所以造反，是因为事实上，在这个词的古老而确切的意义上，它根本就不再是劳工了。

管理阶层中更进步的人认识到了这一点，但是，正如我们已经表明的那样，当傲慢成为主宰，普通人接受了他的奴隶地位时，仍然存在着强大的力量倾向于维持旧的社会态度。大部分富裕和有优势的人不断抵制现代化工人的更大诉求，作为回应，不断崛起和分化的工人阶级愤怒地对抗着这些管理阶层，因为这些阶层允许他们被保守和反动分子所控制。此外，劳动大众的相对才智不断提高，他们的想象力经历了前所未有的刺激，在现代国家中，人们越来越广泛地认识到可获得的自由、舒适和享受，并且意识到这些可能并不被所有人共享，在曾经只有宿命般顺从的地方，出现了反对。自从人类的经济生活开始以来，劳苦大众中就一直悄然存在着对指导和义务的反对，现今它们正变得清晰而活跃，正是自由的味道使劳工渴望自由。这一系列摩擦是社会重组过程中不可避免的一个方面，但它并不构成这一过程中的主要对立面。

阶级发明了阶级战争，这是旧秩序上层阶级的自然传统。这一点众所周知，因此不必再提。在19世纪以前，几乎世界上所有的文学作品中都隐含着这一点——除了《圣经》、《古兰经》和其衍生作品之外。

这些冲突不是反对或帮助公开的密谋所致力于的进步发展，而是超出了这一范围。觉醒的、质疑的、愤怒的劳工并不一定是进步的，普通平凡的工人，要想不再被当作牲畜一样驱赶，他就必须——尽管这也令人难以接受——学会尽可能高效率地合作。他必须更出色地工作，即使他的工作时间变得更短，工作条件变得更好，他仍然只能从事从属性的工作。他不能以群体的形式成为一项他没有制定且没有能力指导的计划的唯一拥有者和主导者，不过，这正是一场纯粹的"劳工"运动所暗藏的野心。要么是劳工革命家希望以感情为由，不加承认以及不求回报地榨取杰出人物的服务，要么是他真的相信所有人都一样有能力——甚至他们更有能力。底层工人可能会被"有阶级觉悟的"群众统治的梦想所蒙蔽，因为在这种梦想中，一切自卑感都会被消除，但它们仍然是梦想。普通人对杰出品质和新奇创举怀有本能的强烈嫉妒，这些嫉妒可能会被组织起来，并转化为破坏和摧毁，伪装并渴望成为一种新的社会秩序，但这将是一条死胡同，而不是一条进步之路。我们对人类未来的希望，不在于群众心理和民主的歧视性规则。

公开的密谋几乎不可能利用单纯的怨恨作为达到其目的的驱动力。它的出发点不是要提高劳动阶级，而是要废除劳动阶级，其长期目标是要把苦工赶出工作岗位，把无能者淘汰出局——它在当今发展中的工业体系的下层，更可能引起怀疑和不信任，而不是在那里赢得支持。在那里，就像在我们这个时代不断变化的社会综合体中的其他地方一样，它只能吸引那些特别聪明的人，这些人可以问心无愧地将自己目前的活动和关系看作是暂时的，可以在不生气的情况下忍受对其目前生活质量和方式的尖锐批评。

十二

从工业化程度较低民族的抵抗到公开的密谋
的驱动力

到目前为止，我们叙述了自然会反对公开的密谋的力量、机构、性情、类型和阶级，其中，我们只调查了未来的世界共同体主导的这样一些领域，即以复杂的、进步的、高度工业化的社群为代表的领域，它们建立在大西洋式领主–士兵、佃户、城镇–商人和商人制度之上。这些社群的机械化程度最高，更有效率和力量，所以现在主导着世界其他地区。印度、苏联和非洲是社会制度的大杂烩，它们被大西洋、波罗的海和地中海文明的金融、机械和政治侵略混合在一起，被超越、耗尽、摧毁、入侵、剥削，并或多或少地被征服。他们在许多方面被那些文明同化，发展出现代的类型和阶级，并放弃了许多独特传统。但他们从西方得到的主要是新的发展，物质上的成就，而不是社会和政治成就，这些成就在现代发明的推动下，使他们赢得了在世界上的主导地位。

他们可能会在一定程度上模仿欧洲的民族主义，对他们来说，这是一种自我肯定的便捷形式，以对抗面前的现实社会和政治劣势所带来的压力。但是，对于早已确立的欧美等级制度的社会设定和习惯，他们愿意接受或能够接受的程度，可能非常有限。他们的民族主义在很大程度上仍将保持本土化，他们试图使新的物质力量服从的社会传统将是东方生活的传统，与欧洲生活截然不同。因此，他们会有自己的抵抗公开的密谋的力量，但他们与我们迄今所考虑过的那些抵抗不同。汽车和无线通信设备、收割机和钢结构建筑，将带着与他们给阿根廷和中西部地区的英国地主，或种植玉米和养牛的农场主的相似但又不同的信息，进入丛林酋长和猎人领袖、婆罗门和印度农民的生活中，他们对此的反应也会不同。

对于这些被遮蔽群体中一些更优秀、更有活力的人来说，由于他们在物质进步方面或多或少地落后于目前占支配地位的西欧和美国，公开的密谋可能会对其具有巨大的吸引力。他们可能会一步一步地从他们古老秩序的沉船中走出来，越过他们现在的征服者，融入世界统治者的兄弟情谊中。他们可能会转而保存和调整他们遗产中所有丰富而独特的东西，使之符合种族的共同目的。但对于这个外围世界中不那么活跃的知识分子来说，公开的密谋的新计划似乎只是西方包围的一种新形式，他们将与强大的解放作斗争，仿佛这是欧洲传统的进一步奴役一样。他们将关注着公开的密谋，寻找任何下意识的优越感和种族漠视的迹象。他们必然会将其视为西方思维的产物，很可能不由自主地就把它看作是对当前倾向的阐述和组织，而不是一个新阶段的演进，在这个新阶段，无论是东方还是西方的落后传统，最终都不会有任何区别。现在西方正在进行的，当代政治与商业体系的笨拙而糊涂的政治和经济侵略，将使他们的怀疑持续下去，并进一步加深。在这片侵略阴云的背后，西方思想势必影响他们。除此之外，它不可能以其他方式引起他们的注意。

在一定程度上，大西洋资本主义体系之外的社群的这些抵制和批评，不是针对未来世界共同体的发展方法，而是针对强加于这些方法上的欧洲传统和限制，迄今为止，我们发现东西方的冲突有助于实现公开的密谋的目标。在旧传统的冲突和随之而来的僵局中，蕴藏着直接接受以公开的密谋为中心的思想团体的很大希望，在这方面，人类最有趣的领域之一是在苏维埃俄国的统治或影响下的伟大社会体系。俄国从未完全融入欧洲体系，它在17世纪和18世纪勉强成为西欧君主制的模仿者，并出现了宪法和议会——但1917年的一系列革命彻底打破了它的欧洲面具。随后形成的体制是凭借一个纪律严明的联盟来领导广大农牧民的政府，它信奉由列宁和斯大林加以解释与修正的马克思主义信仰。

在许多方面，这个政府都是一个令人格外感兴趣的新事物。它在巨大的内忧外患中艰难前行，令人惊讶的是，它被推到了一个拥有巨大权力的位置上，为了统一思想这一迫切的战斗需要，它的思想灵活性被极大地限制。它发现自己在智力和道德上与它所统治的数百万文盲之间存在着巨大的鸿沟。它可能比任何其他政府都更开放地接受科学和创造性的概念，当然也更愿意进行实验和创新，但由于大战期间国家经济耗竭，以及人口群体的技术和工业水平的滞后，它的事业陷入了困境，因为它必须从该群体中招募人才。此外，它还在现代科学社会组织的概念和模糊的无政府主义梦想之间挣扎，在这个梦想中，"国家"将会消失，只有解放了的无产阶级永世长存。

多年来的反对传统已经玷污了苏维埃俄国的世界政策，给其蒙上了一层让人愤怒的色彩，这使得占主导地位的大西洋体系中的每个政府都对其怀有敌意。然而，苏维埃政府已经存在了12年，它似乎更有可能进化而不是灭亡，它很有可能朝着公开的密谋的概念演变，在这种情况下，苏联可能会再次目睹新思想和旧信徒之间的冲突。

无论现在对苏维埃政府的指导思想和实际方法批评得有多么严厉，但事实仍然是，它清除了许多主要的阻碍因素，而我们发现这些因素在西方组织化程度较高的社会中仍然十分活跃。它使广大地区摆脱了君主专制的迷信，以及对拥有巨大经济利益的私人所有权的控制需要，它还为中国和印度呈现了一幅令人兴奋的图景：一个社会和政治体系能够摒弃许多成功的西方主义最典型的特征，同时又能保持自己的特色。在日本面对现代需求的时候，除了充斥着私人资本主义方法的大西洋社群，没有任何模式可供模仿，因此日本人显然按照欧洲计划重新安排他们的事务，他们采用了议会制度，并使他们的君主制、社会等级制度以及商业和金融方法，总体上符合这种模式。至于现在是否还有其他亚洲国家进行类似的模仿，这一点非常值得怀疑，而这种脱离欧洲化的现象的出现，很大程度上要归功于俄国革命。

但这并不意味着这种脱离必然会更直接地导向"公开的密谋"。在苏联，如果我们必须面对一个组织程度较低的利益和偏见体系，我们就必须消除极其普遍的无知和非常可怕的兽性。苏联是一个由数以千万计的农民组成的国家，而统治这个国家的只是一小群知识分子，他们的人数只有数万人。只有这数万人才能接受世界性建设的想法，而让苏联体系积极参与世界的密谋的唯一希望，就是通过这一小群人及其对下面无数人的教育结果。随着我们从欧洲的苏联向东进发，我们可以呼吁理解和参与的、准备充分的智者比例会减少到一个更令人沮丧的程度。除去这部分人，我们面对的就是早期野蛮人，他们没有能力组建战争首领和强盗头子层次以上的社会和政治组织。苏联本身仍然无法避免不朝着这一方向退化。

因此，我们将目光从苏联和中亚各国转回到大西洋世界，只有在这个世界中，才可能有足够的思想广度和讨论空间来充分地发展公开的密谋，它必须从这些社群开始，而且在很长一段时间内，需要由这些必要的传播中心来维持它的主要活动。它将在不断的精神斗争中发展，并在斗争中保持生命力。

印度和日本一样，隔绝在亚洲事务的主体之外，当日本成为一个正式的西化国家时，印度自身却仍是一个世界。在这个半岛上，几乎可以发现各种类型的社群，从丛林野蛮人部落，到各种各样的野蛮的中世纪王国，再到孟买儿童和妇女汗流浃背的工厂，以及生机勃勃的现代商业主义。在这一切之上，是英国帝国主义占据主导地位，它起着约束和限制作用，维持和平，遏制流行病，通过灌溉等方式增加粮食供应，但是它很少或根本没有努力唤起人们对现代思想的反应。英国并没有在印度传播现代思潮，所有这些都在苏伊士运河的另一边。在印度，英国人是一个像罗马人一样坚定、自信和缺乏创造力的统治者。这个奇妙交杂却并未融合的社群，保留着古老的宗教和社会传统，烦琐的习俗，种姓制度，禁忌和排斥，尽管这种外国统治使其受到了一些质疑，但仍然控制着人们的思想。可以说，他们一直被浸泡在英国统治的防腐剂中。

公开的密谋必须介入印度的复杂体系中，与统治者和被统治者的偏见作斗争。它只能寄希望于在沉闷的罗马式行政管理中出现个体的突破：这里一位真正的教育家，这里一位富有创造力的公务员，这里一位被遥远故土的激荡所触动的官员，它必须努力让这类人与这里的优秀本土学者，或者那里的思想活跃的王子、地主或实业家建立合作关系。随着航空飞行取代传统的客运方式，越来越难以将故土的激荡挡在官僚阶级的意识或是顽固不化的"本地人"的认知之外。

与印度的情况非常相似的是法属殖民地的情况，公开的密谋在上面临着同样的管理障碍，在下面临着同样充满怨恨的从属关系，这些切断了它承担责任的精神动力。在这些受限制的地区，包括印度和北非、叙利亚及远东的一些更小、更简单的类似地区，低级人口持续快速增长，其体力和智力都偏低，他们通过向无良企业家提供廉价劳动力，以及向不择手段的政治投机家提供薄弱的造反材料，阻碍了文明的机械化发展。那些遏制大西洋地区所有人口增长速度的知识和思想，会以何种速度在这些警觉性较低的社群中传播，这是很难估计的。

我们必须用关于黑人世界、森林和丛林地区的几句话，来完成我们对"公开的密谋"所要面对的反对力量的调查，在这些地区，粗野甚至是野蛮的人类生活仍然逃脱了文明的感染。现代通信手段的发展和对热带疾病的征服，似乎注定将使现代管理和经济方法无处不在，而在任何一个地方，将昔日的荒野纳入现代经济进程，都意味着破坏那些粗野和野蛮社群的物质基础，以及狩猎和获得土地的自由，这些现在还岌岌可危地幸存着。这些肤色黝黑的人，曾经是这些尚未完全同化地区的主人，现在正变为受剥削的工人、奴隶、农奴、棚屋税纳税人或白人移民的劳工。种植园的精神笼罩着这些土地，美国的黑人和他在南非或肯尼亚殖民地受奴役的兄弟，唯一的不同之处在于，他和他的白人主人一样，也是移民。因此，非洲和美国的局势正朝着类似的方向发展，主要的不同之处在于两个种族的相对比例，以及让黑人劳工为白人服务的方法细节。

这些在世界各地扎根的黑人和白人社群里，黑人曾经是土著，也许是那里的亚热带气候有利于他们在社会发展水平较低的地区生存，这些社群中种族关系紧张，而且在未来的许多年里会一直这样。节制生育的稳步推进可能会在以后缓解这种紧张局势的生物因素，而礼仪和行为的普遍改善可能会消除人类迫害异己的倾向，这种倾向是人类与许多其他群居动物所共有的。但与此同时，这种紧张局势也在加剧，很多人的生命都被悲剧所束缚。

夸大白人和非白人之间异族通婚的危险和罪恶是我们这个时代的弱点。人和他所有的变种交配，却自欺欺人地认为存在着非常纯洁的种族，如"北欧人""闪族人"等。这些都是想象的幻影，现实更加错综复杂，不那么富有戏剧性，也不那么容易被记住，而幻影却能很好地被人记住，并激起可怕的压制。美洲印第安人与白人混血儿的数量变化，以及白人与有色人种的比例变化是暂时的，在几代人之后也许就会变得可以控制和纠正。但是，在达到这种文明程度之前，除非人的肤色或女人的盘发方式不再具有涉及教育、职业和社会消亡或生存的陈旧价值，否则黑人和白人社群必然会不断地被持久的宿怨所困扰，这种宿怨过于亲密和打动人心，以至于阻碍了对世界命运的任何长远看法。

因此，我们得出的结论是，公开的密谋的主要雏形必须得从温带大西洋文明中那些更有活力、更多样和不执迷不悟的中心地带发展起来，那里有着丰富的出版和讨论设施，有精神自由的传统，有各种各样相互影响的自由类型。至于世界其他地方，由于在当地条件下缺乏养料，它的宣传可能在许多年内会保持传教的性质。

十三

我们意识和潜意识中的抵抗和敌对力量

在前两节中，我们已经谈到了众多人类阶级和社群，总的来说，他们可能或多或少地与公开的密谋对立，在这些章节中，不免有如下暗示："我们"身处作者周围的某种圈子里，远离这些阻挠和敌对的人群，我们自己完全认同公开的密谋。但是，这些人既不像作者所描述的那样明确地反对建立世界共同体的"公开的密谋"，也不像那些与我们站在一起的人那样完全支持。在他渴望清晰和对比的同时，可能过于人性化地倾向于单纯以自我为中心的争斗问题，导致他被引导去代表"我们"。没有"我们"，也不可能有拥有公开的密谋的"我们"。

公开的密谋是我们的一部分，我们试图服务于它，但是，无论在这里、那里还是其他地方，公开的密谋都是当代思想自然且必要的发展。对于公开的密谋，几乎每个人的态度中都存在疑虑和共鸣，我们中的每一个人都会保留许多与我们总体信仰相冲突的冲动、习惯和想法，它们制约和限制着我们的服务。

因此，让我们在本节中不再讨论阶级和类型，而是考虑全人类的一般心理倾向与反应。

我们在开头几节中指出，宗教并非普遍存在于人类社会，而且似乎没有人完全拥有它，它抓住我们中的一些人，时而使我们高尚一小时，时而高尚一天。在一段时间内，我们的行为可能会闪耀着它的余晖，它可能会建立起约束和习惯性的倾向，有时在很长一段时间里，它只短暂地主宰了一下我们，我们就能成为圣徒和殉道者。在我们所有的信仰阶段中，似乎都有一个愿望，那就是保持这一阶段，使我们的余生都服务于该阶段的标准和要求。我们敏捷的智慧使我们能全面分析自己的行为，并且能够控制我们未被照亮的时间间隔。

当思想中的宗教因素开始进行这种自我分析，并试图在为种族服务和促进种族发展的基础上，整理和统一整个存在时，它首先发现的是一系列冷漠情绪，在这些情绪中，有对公开的密谋的思想与言辞的抵制，但它们仅仅是被动且出于惯性的。有一整类精神状态可以被归到"日常主义"的范畴之下，晚宴钟声和操场，电影院和报纸，周末的拜访和工厂的汽笛声等，一大堆这些令人期待的事物，呼唤着现代世界中的绝大多数人停止思考，忙于手头的趣味，然后继续下一个，而不去考虑这些瞬间的个人事件所处的总体框架和剧本。我们沿着这些标明的既定路线前进，通过偶然的成长、竞争和爱情，偶然的相遇和生动的经历，走向不同的道路，我们大多数人，很少有广泛思考和自我质疑的阶段，某些人甚至从未出现过这个阶段。对许多人来说，现在的宗教生活和过去一样，是一种相当绝望的努力，我们从纷至沓来的事件中收回足够的注意力和精力，以便在自我与整体的关系上获得某种把握，并保持这种把握。更多的人恐惧这种可能，他们竭力反对在沙漠中独处，在星空下独处，在寂静的房间里独处，或者在任何场合进行全面的思考。

但是，宗教类型的本能和目的就是要把握全局，我们发现世界上所有伟大宗教的核心，都有一种类似的倾向，即以某种方式逃离无目的的驱动与偶然和日常的强迫。逃离的方式有两种，要么是从拥挤的环境中退回到神秘的沉思和简朴的隐居中，要么——更困难、更绝望、更合理的做法——是把永恒问题的强大标准强加于众多短暂问题上，这些问题构成实际的生活事务。我们已经注意到，现代人的思想是如何从隐退转变为直面第二种选择的，前者是一种公认的宗教方法，我们必须面对并战胜生活的喧嚣，目的必须战胜无目的。即使身处日常生活中，我们也必须让我们的意志和思想远离它，专注于创造性的过程。无论我们多么忙碌，无论面临怎样的挑战，我们都必须保留一些我们最好的精神活动来进行自我反省，并时刻警惕，警惕内心无休止的背信弃义，它们会让我们重新陷入日常主义，并对生活的刺激无感。

过去的宗教，虽然倾向于放弃世俗之物，但也试图通过各种各样的权宜之计，来维护那些仍有机会或义务与世界保持正常联系的人的信仰。它将为一项有趣的研究提供材料，该研究调查这些组织在过去是如何做到这一点的，以及在未来的进步生活中，这些组织可以在多大程度上被模仿与比较。在基督诞生前后的5个世纪里出现的所有影响深远的宗教，都大量地举办定期会面，利用圣书、信条、日常反思、忏悔、祈祷、圣礼、戒律、冥想、斋戒和祷告，来相互慰藉。这些方法标志着世界发展的一个阶段，还是仍然可以继续使用？

这就指向了一个非常棘手的心理问题。我在这本书的初稿中写道，现代宗教人士在精神上过着一种极端奢侈和危险的孤独生活，我现在仍然这么认为，但他意识到发明矫正装置的事并不在他的能力范围之内。他无法想象一个世俗的弥撒，也无法想象会众唱着关于公开的密谋的赞美诗。也许，现代处于困境中的灵魂会求助于精神分析师，而不是告解室，在这种情况下，我们需要祈祷有更好的精神分析师。

现代思维能在社会中发挥作用吗？日报是否在逐渐取代晨祷的作用，以更生动的方式成为一种对重大事件的日常思想提醒，尽管目前的提醒水平较低？一群无良商人肆无忌惮地利用新的读书人，在这个过程中变得富有和强大，这是19世纪教育普及过程中最令人痛心的事实之一。难道大众出版商和报纸经营者永远都是无良商人吗？或者，我们将来会看到，出版物时常会受到复兴主义运动的部分或全部影响，特别是报纸，会在公众聚集的地方承担起维持共同信仰的任务吗？

我们要去冥想的现代寺庙可能是一座博物馆，现代教堂及其宗教生活可能是一个研究组织。公开的密谋者必须确保博物馆清楚地展示了它们的意义，现在可能不仅有文学作品，甚至还有戏剧、表演和音乐来为新思想服务，而不是依靠传统。

很明显，仅仅阅读伟大的思想并为之所动，在没有后续提醒和道德反思的情况下形成良好的决心，并不足以让人们坚持公开的密谋的道路。退回到日常主义太容易了，当代公开的密谋者可能会忘记，但没有什么东西可以提醒他。他可能会退回原状，但他听不到任何责备他退回原状的警告，他从未在任何地方记录下誓言。"日常"有无穷无尽的方式来为信徒回归怀疑的随意性辩护，人们很容易说服自己，认为自己对待生活或自己"过于认真了"。人的思想具有很强的自我保护意识，它倾向于放弃过于伟大或长远的努力，并习惯回到明确在其范围内的事物上。我们本能地倾向于认为事情"一切都好"，我们会减少焦虑，会捍卫我们可以利用的妄想，尽管我们半信半疑地意识到它们只不过是妄想。我们憎恨警告的声音，憎恨使我们的活动失去保证的批判性质疑，我们的日常情绪不仅反对我们的宗教情绪，而且它们憎恨所有唤起我们宗教情绪的外部引力，同时欢迎对抵制宗教吸引力的一切帮助。我们很容易从纯粹的防御转变为防御性的进攻，从拒绝听到那些可能触动我们内心的话语，转变为竭力压制它们的表达。

教堂和宗教组织努力去维持活力，保持效用，以便能够触动那些信仰逐渐衰落或沉睡的信徒的心灵，但现代宗教至今还没有这种有组织的提醒。它们不能即兴发挥，粗暴地尝试去纠正行为可能会弊大于利，我们每个人都必须尽其所能，牢记自己的崇高决心，保护自己不受疲劳或疏忽情绪的影响。

但是，这些对当前事件的主动和被动防御，存在于我们自身内部并通过我们来运行，它们在我们周围的世界中得到如此迅速的赞同与帮助，这些巨大的抵抗系统，仅仅是我们讲述的与公开的密谋敌对的力量的开始，这些敌对力量潜伏在我们的复杂性中。

除了我们常见的愚蠢、懒惰、习惯性和防御性之外，人类还有其他缺点。我们不仅有积极的创造性冲动，也有强烈的破坏性冲动，人是一种善妒的动物，在青年和少年时期，自我主义十分强烈，这是很自然的事情，没有任何办法。在幼年和青春期，利己主义是放纵的，很自然地就走向放纵，并且没有任何东西来帮助它。在那个阶段，我们中的许多人宁愿不看到美丽或奇妙的事物出现，也不愿它出现时无视我们的存在，那种嫉妒的恶意，那种自以为是的冷酷无情，在我们所有人的一生中都会存在。在最坏的情况下，人可能是一种非常好斗、恶毒、顽劣和残忍的动物，我们每个人都有可能出现这种情况。正常人心中都有对公开的密谋的对抗，当我们考虑到这点，我们就会理解到教义的正确性，它教导我们不仅要抛弃琐碎的世界和沉重的肉体，还要抛弃活跃好斗的魔鬼。

创造是一个漫长而令人厌倦的过程，其中会有许多阻碍和失望，但毁灭却能带来即时的兴奋，我们都对"砰"的快感有所了解。公开的密谋者最好时常扪心自问，他在多大程度上爱上了一个秩序井然的世界之梦，又在多大程度上被令他厌烦或羞辱他的制度的仇恨所驱使。他可能只是一个戴着建设者面具的复仇煽动者，那么，他对一些新羞辱的反应又能有多安全呢？公开的密谋现在是他的避难所和无罪证明，目前可能无法给他所要求的补偿，可能只给他一个小角色，可能会表现出令人恼火和难以理解的偏好。对于许多公然与"公开的密谋"的伟大目标相抵触的事情，他仍会发现自己的内心深处不仅仅是默许，而且还有一种赞同和真诚的钦佩，即使这种钦佩反复无常。他们都在那里等待着他的失望阶段，他可能会回到旧爱之中，对更伟大的计划抱有新的敌意，他可能会很高兴地离开那些伪君子和骗子，重新回到毫无特殊意义的友谊中去。

人类世世代代都在现实和幻想中扮演着士兵的角色，以至于我们中很少有人能够完全摆脱对旗帜、帝国、爱国主义和侵略的辉煌自负的美好幻想。商人，尤其是美国的商人，似乎都觉得把竞争对手的低价销售和过度营销称为"战斗"是一种荣耀。药商和政府部门可以有他们的"战争"，他们的英雄主义，他们不择手段的诡诈，从而获得拿破仑式的感觉。这个世界和我们的幻想中都充满了对古老战斗传统的感情、虚假的荣耀和忠诚，继此之后，又在迟钝和麻木的状态之中，找寻价值和德性。我们很难抗拒陆军和海军在小事上展示出的值得崇敬的庄严、高尚的自尊、荣誉和良好作风，尽管他们现在只不过是寄生于新生世界共同体上的害虫。在法国，没有人敢对陆军说三道四，在英国，没有人敢对海军说三道四，起初会有很多公开的密谋者，甚至都不敢对自己说这样的话。

但是，如果要让新的信仰自由发挥，就必须清除所有这些束缚我们思想的过时价值观和态度，我们不仅要把它们从自己的头脑中清除，还要把它们从即将成为我们伙伴的其他人的头脑中清除。在我们看来，这些过时的忠诚、荣誉标准、过时的宗教协会越是精致生动，我们就越要努力地使自己和周围人的思想摆脱它，切断一切回归的念头。

我们不能向这些古老秩序的遗迹妥协，也不能做新秩序的忠实仆人，我们保留的一切都会重新焕发生机并再次生长。除非把癌细胞全部切除，否则做手术是没有用的。留下一顶王冠，不久你就会发现它正被一位决心成为国王的人戴着。保留一个神的名字和形象，且没有明显的博物馆标签，迟早你会发现一个崇拜者跪在它面前，幸运的是祭坛上没有活人献祭。挥一挥旗子，它就会围绕着你，相比对社会而言，这一点对你个人来说更为适用。不能有半点妥协，你还没有完成从平原城市到公开的密谋的逃脱，你仍然有可能回头看一眼。

十四

公开的密谋始于一场讨论、解释和宣传的运动

在旧秩序的体系内，我们意识到一个崭新的、更幸福的世界，一个世界共同体出现的可能性。我们所说的"公开的密谋"仅仅是这种意识的一个名称。首先，公开的密谋必然是一组思想。

在过去的25年，特别是在战后，现代思想体系不断发展壮大，它是迅速发展的生命生物学观念和不断扩大的历史认识对时代需要和紧迫性所做出的反应。在本书中，我们试图给这个思想体系下定义，并给它起了一个临时的名称。从本质上讲，首先必须传播这一新的意识形态，必须在越来越多的人面前反复验证和传播这一观点。

既然公开密谋的思想是建立在对历史学、生物学和社会学的综合认识之上并由此产生的，那么我们就可以从在这些领域具有丰富知识的人身上寻找这些认识。不用对这类人做任何的解释，他们就会做好默许的准备，除了建议他们是时候该主动意识到自己的处境之外，没有什么需要向他们阐述

的。他们已经在一种无组织的情况下组成了公开的密谋，与其说他们是坚持公开的密谋，不如说是向自己和他人承认他们的心境，他们会说："这些我们都知道。"然而，一旦我们径直越过了那个相对受限的世界，就会发现，我们必须面对片面的知识、歪曲的观点或茫然的无知，必须修正和扩展历史与生物学观念，并大量廓清经济学中的错误观念。这些人的知识必须得到更新。

我已经讲过我是如何构思出一组作品，以与当前读者相适应的形式来体现新时代必要思想的。可以说，我至少是为"公开的密谋"中的一些因素，制作了某种临时性的"圣经"。这是一个早期草图，随着目前阅读人群的改变，就其目前的形式和方法而言，所有这些作品都将过时，但我相信，就其实质方法而言，这些作品将万古长新。

最后，如果要让公开的密谋发挥作用，就必须将这些不断发展的生物、历史、经济信息与建议纳入通识教育中。目前，由于现有教育组织的落后和政治保守主义，这种宣传只能在青少年和成年人中进行，现在大多数真正的现代教育都是在学校之外进行的，目的是纠正学校树立的错误观念。但是，这种从成人宣传开始的教育必须转变为一场文化斗争（kultur-kampf）[1]，以使我们的教育机构不再固守反动和保守

---

[1] 指1872—1887年间，以俾斯麦为首的德国政府和罗马天主教教廷之间围绕学校管理和教职任命权发生的冲突，俾斯麦被迫向天主教会让步。——译注

的陈旧观念与态度，转而投身于重建世界的事业。公开的密谋本身永远不会以组织的形式被固定下来，但在任何地方，公开的密谋者都应该组织起来进行教育改革。

在这项综合计划的影响下，还将涌现各种各样的学习与进步活动团体。人们可以预料，朋友、家庭、学生、雇员或其他人将组成各式各样的团体，他们在日常工作中经常见面和交谈，他们将交换意见，并就建设性地改变世界作为人类活动的指导形式这一理念达成一致意见。

必须从一开始就达成一致的重要问题是：

第一，所有现存政府都是临时性的，因此所有与之相伴的忠诚也都是临时性的；

第二，人口控制在人类生物学中拥有至高无上的重要性，它使我们有可能从生存斗争的压力中解脱出来；

第三，迫切需要对当前传统的战争倾向进行防护性抵抗。

如果人们不理解这些问题的重要意义，就不会真的开始理解公开的密谋。在这些问题上以及在对历史的总体理解上达成共识的团体，将能够找到拥护者，使自己的团体壮大，并尝试与同类团体建立沟通与合作，以实现共同的目标，他们可以开展各种活动，培养共同行动的意识和习惯，并摸索出走向更大事业的道路。

我们已经看到，公开的密谋的起源必须是异质的，其最初的团体和组织没有统一的模式，他们的规模、平均年龄、社会经验和影响力都将截然不同，他们的具体活动将由这些因素决定。他们不同的品质和影响将通过不同的组织尝试表现出来，而每种尝试都在自己的领域中卓有成效，学生团体或运动可能发现自己只能进行自我教育和个人宣传，小镇上的少数中产阶级可能会发现自己的微薄资源一开始就能充分发挥作用，例如，确保有优质的著述可供出售或被收录在当地公共图书馆中，保护书籍和报刊不受压制，或去影响当地教师。大多数学生家长都可以要求学校教授世界史和完整的生物学知识，并反对灌输侵略性的爱国主义，在这方面，个体有很大的发展空间。另一方面，一个拥有丰富经验和资源的团体，可以承担文献的印刷、出版和发行工作，并对公共舆论产生相当大的影响，使教育朝着正确的方向发展。国际联盟运动，控制生育运动，以及大多数激进派和社会主义社会，都是公开的密谋者可以去寻找拥护者的领域，这些领域的人已经为其更广阔的前景做好了一半以上的准备。公开的密谋是一场更完整、更广泛的运动，当它的思想占据了人们的想象力时，这些不完备的活动必然会加入进来。

公开的密谋从一开始就反对军国主义。现在，在战争再次来临之前，本组织显然有必要公开且明确地拒绝在任何战争中服役，如果要直接或间接地在战争中服役，也必须在该问题被完全且公正地提交仲裁之后。自觉反对服兵役的时间显然是在战争爆发之前，而不是之后，那些在战争爆发前就一直沉默，默许参战外交政策的人，如果他们后面被迫服兵役，也没有什么可抱怨的。而且，拒绝与自己的国家一起参战是一种荒谬的残缺状态，除非它被世界和平、世界经济控制和人口限制宣传所巧妙地加以完善，公开密谋的思想就体现了这一点。

可以想象，将其成员对任一或所有军事义务的保留记录在案——该义务是通过军事和外交努力强加给国家的——这很可能是许多公开的密谋组织的第一个重要公开行动。它将提供一个实际动机，让他们中的许多人首先走到一起，这就需要成立地区或国家特设委员会，为这种与当前激进民族主义不同的行为，建立一个集体的法律与政治防线。这将使"公开的密谋"尽早脱离讨论范畴，进入实际冲突的领域，从一开始就让它适用于现实，这是非常必要的品质。

兵役是现存政府在其虚构的国际竞争中，强加在人民身上的，提前拒绝服兵役，不一定是否认代表世界共同体采取军事行动镇压民族主义强盗行为的必要性，也不一定是阻止对公开的密谋者进行军事训练。这只是一种实际形式的表态，即当今常规的军事外交和战争是对文明的犯罪，是带有强盗、叛乱和内战性质的行为，严肃的人对此只能是反对、不参与或积极阻止。我们要说的是，我们对当前政府的忠诚取决于它的行为是否理智和成熟。

这些教育和宣传团体联合起来，有组织地抵抗军国主义和当今临时政府对个体的过度控制，这最多只是公开密谋最早和最初级的阶段，接下来，我们将继续探讨它必须采取的更加专业化和更具建设性的形式。不过，在此之前，我们可以多谈一下这些可能的初创团体的结构和方法。

由于这些团体在形式、规模、质量和能力上必然各不相同，因此，任何组织它们共同行动，甚至组织定期集会的早期尝试都是不可取的。团体的类型应该多种多样。集体行动在一段时间内——也许在很长一段时间内——最好不是借助团体的合并来进行，而是借助为特定目的而成立的特设组织来进行，所有这些都是为了新的世界文明。公开的密谋者会加入这些组织，就像人们加入有限责任公司一样，也就是说，用认购的方式，而不是用其全部资本做出贡献。一个从一开始就试图涵盖所有活动的综合性组织，必然依赖并促进一种普遍的活动模式，而阻碍或疏远更新颖与有趣的活动形式。它会过早地形成一种正统观念，几乎立即失去创造性，并开始形成传统的外壳，变得僵化。基督教的可怕例子摆在我们面前，我们必须坚持从头脑中摒弃公开的密谋将成为一个单一组织的想法。是的，它是一场运动，是一种目标体系，但它的目的是建立一个自由而有活力的世界，如果是统一的话。

最多可以提出七条普遍原则来界定公开的密谋并将其维系起来。甚至在这些原则中，有一条，即第七条，如果不是太严格的话可以不要。在作者看来，这似乎是不可避免的，因为它与传统的不断消亡密切相关，而传统的不断消亡正是我们希望人类未来无拘无束、不断扩大的基础。

（1）在实践上和理论上都完全肯定现存政府的临时性，以及我们对它们的默许；

（2）决心通过一切可用手段来减少这些政府之间的冲突，减少它们对个人和财产的战争消耗，并减少它们对建立世界经济体系的干涉；

（3）决定由一个负责任的世界管理机构，来取代私人、地方或国家至少在信贷、交通和基本生产领域中的所有权，以服务于种族的共同目的；

（4）切实认识到世界生物控制的必要性，例如对人口和疾病的控制；

（5）支持世界上个人自由和福利的最低标准；

（6）使个人事业服从于建立一个能够完成这些任务的世界管理机构，服从于促进人类知识、才能和力量的普遍进步，这是至高无上的责任；

（7）因此，我们必须承认，我们的不朽是有条件的，在于种族而非我们个人。

十五

公开的密谋的早期建设性工作

在上述条款中，我们就可以勾勒出公开的密谋可行与可能的开始阶段。

我们没有把它说成是由任何个人发起，或是从任何特定中心辐射出来的活动，在本书中，我们不是在开始做某事，我们是在描述和参与某件已经开始了的事情。当今全世界知识的增长和许多人视野的开阔，使它自然且必然地产生，并逐渐地意识到自己的存在。因此，我们有理由预见，它会以分散的、相互独立的团体与运动的形式，出现在世界各地，我们不仅要认识到它们将是极其多样的，而且其中的许多团体和运动，还将带有它们种族和地区的习惯与特征，只有当它的世界性特征变得非常明显时，这些习惯和特征才会被摒弃。

从随处可见的对公开的密谋的部分预想，到它完整和完全自觉的陈述，其间的过程几乎难以察觉。今天，它可能看起来只不过是一个空想，明天，它就会成为一股世界性的舆论和意志力量。人们会毫不犹豫地说，公开的密谋是不可能的，但又会说，公开的密谋对他们来说一直显而易见，从他们记事起，他们就一直按照这种方式生活。

在它的开始阶段，还只有小事发生，很小的突发事故可能会帮助或者耽搁明确定义和普及其主要思想，公共事件不断变化的格局可能会分散或者集中人们对它的关注，也可能会赢得拥有杰出资源、活力或能力的人的早期追随。无法预测它发展的速度，它的发展可能缓慢，也可能迅速，可能直接，也可能迂回，但不断累积的认识推动着它前进，并将持续如此，迟早它将被人们有力地意识到，成为大多数明智和有活力的人的有效宗教。

同时，我们的最高美德必须是信念和坚持。

到目前为止，我们只考虑了公开的密谋的两项主要活动，一项是宣传对可能实现的世界共同体的信心，另一项是立即采取实际行动，系统地抵制好战的、竞争性的帝国主义和民族主义。但这些仅仅是它的基础工作，它们只不过是为其有组织的建设性努力清理场地和营造气氛。

我们一转向这一点，就会转向关于特殊知识、特殊努力和特殊组织的问题。

让我们首先思考一下科学的总体发展，对科学研究的保护和支持，以及科学知识的传播——这些都属于公开的密谋成员的正常职责范围。科学和实验研究几乎是我们这个时代所有伟大创举的发源地，公开的密谋的灵感、存在、形式和方向完全取决于这些创举所带来的条件改变，然而，许多科学工作者生活在期待实现公开的密谋的支持范围之外，总的来说，他们对共同体的政治和社会影响非常小。考虑到科学的巨大贡献和对现代社会不可估量的价值，科学，即研究和科学知识的传播，却受到了极大的忽视、打压和敌对阻碍的威胁，这在很大程度上是因为科学工作没有强有力的统一组织，而科学工作本身也无法发展出这样的组织。

科学是一位苛刻的女主人，科学工作取得成功的首要条件是科学家应专注于自己的研究。因此，科学界本身，就其核心而言，就是各种专家的聚集，这些专家往往非常不友善，他们不需要别人提供帮助和合作，而是需要有着更普遍智慧和更广泛目标的人的理解、宽容和服务。科学家的团队与其说像一群引路天使，不如说像一群奇妙的蜜蜂——被赋予了毒刺——必须由公开的密谋来培育、珍视和繁殖。

一旦公开的密谋开始运作，我们就清晰地阐述它的观点，并让那些最宝贵的全神贯注的人，知道它的发展思想和活动，那么，当它不会给他们带来额外麻烦时，当它对他们来说是阻力最小的那条道路时，他们就会理所当然地加入到它那方便且有益的目标中来，还能从中找到他们迄今为止所缺乏的，一种将他们团结起来的共同的政治和社会观念体系。

当达到这一阶段，我们将不会看到像上次世界大战中那样知识分子出卖灵魂的景象，当时，科学家们被赶出实验室，在民族主义的阵线上互相谩骂，战争结束后，将这个或那个国家的科学家排除在国际科学会议之外，为自由交流知识设置了愚蠢而邪恶的障碍。公开的密谋必须帮助科学家们认识到，他属于一个更伟大的国家联盟，比当今任何一位国王或总统所代表的都要伟大，而他现在还没有认识到这一点，这实在令人惊讶，因此他必须做好准备，以便在下一个考验阶段表现得更好。

在科学界以及与之有关的领域中，形成的各个团体，将在公开的密谋最初的主要活动，即宣传与和平主义之外，增添一项特别关注科学工作需求的工作，在这里可以进一步详述这一点，因为它非常典型地阐明了与一般活动相关的特定工作的概念，而这正是本节的主题。

公开的密谋向所有类型和条件的人发出邀请，但科学进步的服务对象只面向那些有特殊能力，或有足够兴趣提升自己的人。要开展科学工作，首先需要大量的捐赠，需要在世界各地建立实验室、天文台、实验站等，由于缺乏捐赠所提供的机会激励，许多有能力从事科学工作的人永远无法实现这一目标，很少有人能自己创造机会。科学界的核心人物很少是一个有能力的资金收集者或管理者，不管怎样，细致的组织工作是对他特殊脑力的一次严重挑战。然而，许多有能力对科学工作进行广泛而明智的理解，但没有能力进行特殊强度的研究的人，都有从私人和公共资源获取资金的天赋，他们应该谦虚而慷慨地利用这一天赋，为那些天赋更高的人提供帮助。

而且，对科学成果进行适当储存和编制索引的需求，已经在稳步增加，每一位新工作者都在不断强化这一需求。由于出版物数量的不断增长，相当多的科学工作徒劳无果，或在被无谓地重复，人们在现实领域中取得的发现，在档案室里又丢失了，这是具有科学倾向的公开密谋者，可以关注的第二条活动路线。

第三条路线是科学家与普通知识分子之间的联系工作。宣传出版物，这些出版物要么用通俗语言阐释新工作的内容、意义和后果，如果做不到这一点的话，要么就培训普通民众掌握新的习惯用语和专业术语，如果通俗语言作为知识交流的一种手段仍然要达到其目的的话，就需要将其融入新的习惯用语和专业术语中。

通过专门的特设组织，如研究推广协会、研究保护协会、世界索引协会、科学论文翻译协会和新知识传播协会等，大量公开密谋者的剩余精力完全可以被用到充满创造性的目标中，并建立起一个新的世界科学工作体系。在这个体系中，像伦敦皇家学会、各种欧洲科学院之类的老牌机构，虽然如今已是过于庞大，不再适应时局，但仍然可以保持其崇高的自豪、日渐成熟的声望和卓越的独特性，只是不能再享有它们目前的特权，即对当今更广泛的科学活动施加狭隘的轻视和限制的权力。

因此，关于科学——在这里，这个词的狭义通常指人们所说的纯科学，即追求物理和生物的真实性，不受道德、社会和"实际"考虑的干扰——我们唤起了公开的密谋的概念，即形成由社会联系密切的个体组成的团体，他们主要从事密谋的一般基本活动，坚持并发展第十四小节末总结的七项普遍原则。不过他们也会花大部分精力，通过国际性和世界性的协会，以多种特殊方式，致力于建立一个持久和进步的纯研究性的世界组织。他们之所以从事这项特殊的工作，是因为他们独特的天赋、他们的倾向、他们的地位和机会都表明了这是属于他们的工作。

现在，就商业和工业生活而言，我们可以设想一个非常类似公开的密谋的团体系统，这个系统除了更加庞大和多样化之外，与公开的密谋无甚区别。在这里，我们可以想象那些具有天赋、倾向、地位和机会的董事、工人或合伙人，由于他们对商品生产和分配过程具有非凡的洞察力和影响力，他们也可以被吸纳到公开的密谋的团体中来。但是这些团体所关注的将是更庞大而复杂的问题，在这些过程中，即便是现在，构成前文明经济生活的、小规模的孤立的个人生产和贸易，也正在被规模更大、指导更完善、规划更周密的工业组织所取代，这些组织的运作和联合最终将成为世界性的。

现在正在进行的合并和联合，以及用大型企业取代众多小型企业的做法，是一种残酷和冷漠的自然过程。如果一个人想要获利并生存下去，这些下意识的失误——它们现在正蹒跚前行，但可能永远无法形成世界性的组织——必须被监视、控制、掌握和引导。随着不确定性的减少，冒险的特质和浪费的数量也会减少，而且不再可能或不再有理由获得巨额投机利润。在整个经济生活世界中，从（个人的）投机冒险转变为基于共同利益的有组织预见，是公开的密谋的重要任务。正是这些有专业兴趣和能力的团体，而不是整个运动，才能最好地应对这些根本性的重新调整。

19世纪和20世纪初的各种社会主义运动都有一个共同点，即它们试图用某种"公有者"来取代大多数或所有经济利益中的"私有者"。按照当时的民主取向，"公有者"通常被认为是一个民选机构、市政当局、议会制国家或其他。那里有市政社会主义者、"国有化"社会主义者、帝国社会主义者，在马克思主义者的理论中，集体所有制是"无产阶级专政"，为利润而生产受到谴责。现代人比以往任何时候都更加充分地认识到，为利润去生产和不加选择地争夺私人所有权的弊端，我们渴望组织更大的所有权，在这个难关中，当代人有了更全面的认识和一定的经验积累。私有制作为一个临时阶段可能并不完全是邪恶的，尽管它除了能超越政治界限之外并没有其他好处。

此外——19世纪的民主倾向在这里再次出现——社会主义运动试图让每一个信徒都成为经济方法的改革者和宣传者。与其说公开的密谋是一种社会主义，不如说它是一个更全面的幼崽，它蚕食并吸收了它的社会主义先辈们一切可消化的东西。公开的密谋依靠生物学来指导对世界人口数量的调节和控制分布，并根据由此获得的指标，以最有效的生产和分配标准，来判断财产和工资的所有附属方面。

因此，这些经济团体，的确可能会成为公开的密谋的重要组成部分，它们将承担起经济重建的巨大任务——从旧社会主义的观点来看，这是摆在人类面前的唯一任务。他们将伺机进行实验和观察，他们将通过特设协会和期刊来比较与审视他们的方法，并为整个运动准备报告和明确的信息。在现代社会中，关于金钱和货币方法的整个问题，我们将在这样的假设下研究，即货币是社会对个人直接或间接义务的象征，并将货币视为自由处理物质材料的许可证。

整个工业和工业关系的心理学，都需要从人类的集体效率和福祉角度进行修改和重述。而且，我们将尽可能地征询那些目前领导着重大工业和金融业务的人的意见与建议。加入公开密谋的银行家或银行职员的首要特殊任务，是回答以下问题——"银行是什么？""你打算怎么做？""我们该怎么办？"。对制造商的首要问题是——"你们在生产什么？为什么？"以及"你和我们该怎么做呢？"。与原始社会主义的"没收"和"国家接管"的提议不同，公开的密谋将建立一个百科全书式的现代经济综合体概念，将其视作一个错综复杂的伪系统，逐步消除浪费，并沿着众多渠道，朝着统一、朝着明确的目的和方法、朝着丰富的生产力和高效的社会服务方向努力发展。

现在让我们回过头用一段左右的篇幅来谈谈公开的密谋的普通追随者，这类追随者考虑的不是他的特殊才能和服务，而是与整个运动，和他自己领域以外的那些特殊的建设性组织有关。他的职责是尽可能去了解科学工作的进步概念，和正在进行的经济重建的更大问题，从从事这项工作的特殊团体和组织那里获得启发，并在他发现机会的地方和需要他的时候，提供帮助。但是，任何公开的密谋的追随者，都不能仅仅是和完全是一个普通的追随者，在公开的密谋的博弈中不能有棋子，在其战争中不能有"炮灰"。每一个创造性展望人类未来的人都需要一种特殊的活动能力和一般的理解能力。

我们先是举例说明了优秀而独特的纯科学世界组织，然后讨论了在经济生活中走向合作统一的大规模运动，最后我们认为主要生活必需品的生产与分配，是一项世界性事业，而且，我们提出这种后来的运动，可能会逐渐渗透并涵括人类的大部分活动。但是除了这一良好趋势和不断发展的活动与关系的巨大洪流之外，在共同体中还有许多其他重要的功能，公开密谋的团体必须针对这些功能，提供有组织性的调查与建议，以实现最终将当今所有混乱进程同化为一个世界共同体的共同目的。

例如，必须有一系列团体在一端与生物科学密切联系，在另一端与经济活动综合体密切联系，他们将特别关注对从食品工厂和工业产品，到瘟疫和人口等人类生物利益的实际管理。还有一系列团体将集中注意力和精力在教育过程上，我们已经指出，普通教育机构存在着强烈的保守主义倾向，它们维护传统而不是发展传统，它们很可能会对在第十四小节所定义的三重基础上重建世界观的工作造成巨大的阻力。这种阻力必须受到打击，通过特殊团体，通过建立相互竞争的学校，通过帮助和提拔有觉悟的教师来实施，而且在打击不完全成功的地方，还必须通过积极传播面向成人的现代教育文献加以补充，要用各种方式动员起来整个运动的力量，向反动的学校和机构施加压力。

一系列与大多数直接创造性活动相关联的活动，将通过现有的政治和行政机构进行，公开的密谋的政治工作必须在两个层面上，采取完全不同的方式来进行。它的主要政治理念和政治战略是削弱、抹杀、合并或取代现有政府，但同时，它也有将行政权力和资源，转移到现代经济和教育安排上的战术策略。一个国家或地区因为不便作为一个派别，并注定最终会被某种更全面、更经济的政府体制所吸收，这并不能成为在此期间，其行政管理不能与公开的密谋的发展相互配合的理由。执政的自由贸易民族主义优于高关税民族主义，和平主义者政党的自由主义优于激进政党的爱国主义。

这使人们期待着另外一系列团体的出现，这些团体分布在每一个可能的政治派别中，它们的任务是将该派别中公开的密谋的全部力量组织起来，作为一股有效的表决或煽动力量。在许多派别里，这支力量可能很快就会成为足以影响全国政治家的态度和承诺的重要力量，这些政治团体一旦出现，就会迅速催生出省级或全国性的会议和体系。在他们的计划中，他们将以同特定经济、教育、生物、科学和中央团体的会议和讨论为指导，但他们也将成立自己的专门研究机构，以解决从旧式的以地方为中心的行政机构向发展中的世界政治控制体系过渡时，不断出现的问题。

在前一小节中，我们勾勒出公开的密谋的第一个可行的初始阶段，即宣传一组相互关联的思想，一种与和平主义活动相关的宣传。而在本小节中，我们给出了一个分支和扩大发展的方案。在这个方案中，在这个第二阶段的方案中，我们设想公开的密谋是由许多不同的、相互重叠的团体组成，但是现在所有团体都联合起来，进行集体的政治、社会、教育和宣传活动，它们将比最初更清楚地认识彼此，并获得一个共同的名称。

然而，几乎所有的团体，都会有自己的具体工作。一些团体将为科学进步构建一个更健全的环境，一些团体将探索新的社会和教育可能性，许多团体将专注于世界经济生活重组中的这个或那个阶段，等等。一个公开的密谋者可能属于一个或多个团体，此外，他还可能加入运动所支持的特设协会和组织，并经常与仍在其队伍之外的部分赞同者合作。

现在，公开的密谋的特征变得清晰，它将成为一场伟大的世界运动，就像社会主义或共产主义一样广泛和显著，它将在很大程度上取代这些运动。坦率地说，它将超越这些运动，成为一种世界性宗教。这个由各种运动、团体和社会组成的庞大、松散的融合群体，显然是想要吞噬整个世界的人口，成为新的人类共同体。

十六

现有的和正在发展的有助于公开的密谋的运动，必须形成共同的意识。
普罗文德岛的寓言

在本文的前一小节中已经提出了一个建议，也许可以在这里再扩展一下。这就是，在工业、政治生活、社会事务和教育领域，世界上已经存在着相当多的运动，这些运动与公开的密谋的方向一致，并受到相同精神的鼓舞。我们不妨讨论一下，其中的某些运动，在多大程度上不会与其他运动相融合，以及仅仅通过逻辑上的完成过程，就自觉地认同整个公开的密谋，这将是很有意思的一件事。

举例来说，科学研究和控制人口压力的运动，俗称控制生育运动，在现有的政治、经济条件下，这场运动本身就有可能被指控为"种族自杀"计划，如果试图限制某一高度文明地区的人口增长，以个人生产力最大化的方法组织经济生活，并将秩序和美丽强加于整个领土上的话，那么该地区就会对所有邻近的低级、高度繁殖的溃烂群体产生不可抗拒的吸引力。社群中卑劣的人将不断地攻击另一个社群，并提供廉价的奴仆、妓女、苦力和手工劳动者。对血汗产品征收关税、限制移民以及紧张的局势，终将不可避免地导致一场防御性的屠杀战争。征服一群无知、饥饿和失控的民众，对于精英种族来说，几乎是灾难性的失败。事实上人们发现，控制生育的宣传者在讨论中承认，他们的计划必须是普遍性的，否则就会对人类有不良影响，但他们中的许多人并没有遵循这些逻辑结果，绘制出直线，接着画出曲线，直到绘制出公开的密谋的完整形态。而促使他们这样做，并在这场运动中每一个可能有利的位置建立团体和代表，就是公开的密谋早期宣传者的任务。

同样，现在为数众多的世界和平协会在其自身意义的边缘惊慌失措。世界和平仍然只是一个巨大的愿望，除非有某些东西可以取代目前各国对市场和原材料的竞争，并对人口压力进行一定限制。国际联盟和各种形式的和平主义组织，要么是徒劳的，要么是不真诚的，除非它们与公开的密谋的补充主张相一致。

公开的密谋可能会或多或少地使当今大西洋社群中的所有激进冲动完全融合在一起，但是，它的范围并不局限于那些与激进这个宽泛的词相关的各种支持运动。在过去50年左右的时间里，在所有地方，合并企业已经取代了竞争性企业，向垄断迈进，而个人所有的企业也让位于庞大的组织，以至于越来越具有公共责任机构的性质。从理论上讲，在英国，银行是私有的，铁路运输也是私有的，它们的经营完全是为了盈利——实际上，它们的盈利受到严格的限制，它们的经营活动对公共福利更加敏感，因为它们不受党派政治家的直接控制。

现在，商业、贸易和金融的这种转变如此之多、如此之快，以至于人们在很大程度上还没有意识到它的存在。聪明的人从一个组合走向另一个组合，年复一年地扩大其范围，却没有意识到他们的活动是如何使自己变得更加突出和负责。经济组织甚至到现在才发现自己的本质，它接受了和它不相容的现有体系，对自身造成了极大的伤害。它曾经爱国，却在爱国主义筑起的关税壁垒上碰得头破血流，从而阻碍了自己的运动。它曾经具有帝国主义性质，却发现自己被征税到了忍耐的极限，被过时的军事专家所"控制"，完全瘫痪了。在当今的大企业管理层中，更年轻、更有活力的智者们开始意识到他们的企业尚未完成的意义。总有一天，那些试图控制全球石油供应的先生将被认为是古怪的人物，他们除了将其作为博弈中一个辅助因素之外，不考虑任何其他因素。大企业的目的必须是让大企业加入公开的密谋中，就像其他所有具有创造性和广泛组织性的运动一样。

现在我知道，对于所有这些关于统一建设性努力的敦促，很多人都会倾向于这种答复，我希望这种答复在未来不会像现在这样受欢迎。他们首先会摆出一副老成持重的样子，然后，他们会温和地微笑着问，在把生活问题看成一个整体时，是否有一些荒谬的野心？集中我们的力量去做更切实可行的事情，一次只尝试一件事，不要让整个既定的秩序与我们可怜的愿望对立起来，试探性地开始，避免给人们带来太大的压力，相信世界上不断增长的共同意识，会调整这样的或那样的发展路线，以适应事物的总体规划，这样难道不是更明智的做法吗？与其挑战通常会失败的事，不如在这里或那里完成一些明确的事情。他们宣称，变革者和创新事物过去就是这样走过来的，他们现在也是这样，以一种温和的、混乱的和部分成功的方式混日子。为什么不相信他们会这样走下去呢？让每个人都尽自己的一份力量，完全无视我一直提请注意的渐进式努力的逻辑关联。

现在我必须承认，尽管这种论证方式很受欢迎，但它给我的感觉是如此乏味，以至于我不想笼统地反对它，而是要用一个比喻来说明，我将讲述普罗文德岛上猪的故事。

你们必须明白，普罗文德岛上只有一头猪，天知道它是怎么到那里去的，是逃出来游上岸的，还是从某艘突然改吃素的船上放上岸的，我无法想象。起初，它是岛上唯一的哺乳动物。但后来因为船舶失事，来了三个水手和一个身材矮小但善于观察的船舱侍者，在靠贝类和树根生存了一段时间后，他们发现了这头猪，同时，他们几乎无法忍受想吃培根的渴望。三个水手中的老大开始回忆他童年时见过的一条火腿，那是一条漂亮的火腿，他的父亲为此特意磨了那把切肉刀。三个水手中的老二反复梦见他在姐姐婚礼上吃过的烤里脊肉，而老三的脑子里则想的是猪肠——我也不知道为什么。他们围坐在微弱的火堆旁，讨论着这些事情，直到口水直流，贝类完全消化成了水。那个船舱侍者幻想了什么，我们不得而知，因为他们习惯于打击他的信心。但他坐在一旁沉思，最后终于动了动嘴唇。"我们去猎杀那头老猪吧，"他说，"把它杀掉。"

也许是因为这些水手习惯于打压船舱侍者，使他安分守己，但无论如何，不管是出于什么原因，三个水手都一致地反对这个提议。

"谁说要杀猪了？"最年长的水手大声说道，他环顾四周，想看看那头猪是否在附近。

　　谁说要杀猪了？你就是那种一有想法就跳出来，毫无困难意识的傻小子。我说的是火腿，我想要的只是一条火腿，来搭配我的树根和海盐。一条火腿，左边的，我不想要右边的，我也不打算去得到它，我有分寸感和适当的幽默感，知道自己的局限性。我是一个健全、清晰、务实的人。火腿是我所追求的，如果我能得到它，我就准备停手，留下猪的其余部分。谁要加入我的左火腿队伍？一个简单的合乎情理的左火腿队伍——仅仅为得到一条左边的火腿。

没有人直接回答他，但当他的声音消失后，下一位资历较深的水手接过了这个故事。"那个男孩，"他说，"会死于他的骄傲自大，我很同情他"——

　　我的想法是跟踪那头猪，弄到一块儿里脊肉，只要一块儿里脊肉，对我来说就已经足够了。这是可行的，比大火腿更容易得到。我们在这里，没有枪，没有合适的木头来制作弓箭，除了折叠刀，我们什么都没有，而那头猪跑得像鬼一样快，想要杀了它真是可笑。但是，如果我们不找它麻烦，能得到它的信任，蹑手蹑脚地靠近它，悄悄地、阴险地去摸它的腰，就像在给它挠痒痒一样——我们就可能在它意识到之前，就搞到一块儿里脊肉。

第三个水手蜷缩着身子，垂头丧气地坐在那里，瘦削的手指缠着他那乱蓬蓬的头发。"猪肠，"他喃喃自语，"猪肠，我甚至都不想去想那头猪。"

船舱侍者默默地坚持着自己的想法，因为他明白进一步激怒他的同伴是不明智的。

就这样，三个水手都以自己的方式，理智而谦虚地开始满足他们对猪肉的喜好，每个人都有自己的收获。第一个水手，经过几周的耐心等待，终于离猪只有一臂之遥，他响亮而愉快地拍打了那只他垂涎已久的左火腿，觉得成功就在眼前。另外两个水手在半英里外就听到了那声拍打和惊吓的咕哝声，可是，那头猪在惊恐之余，当场就把腿抬到他够不着的地方，这是第一个水手最接近他目标的时候。

想烤里脊肉的猎人也好不到哪里去。有一天，他发现猪在一块岩石下睡着了，于是就扑到他想要的里脊肉旁，可是那猪却狠狠地咬了他一口，并表现出极大的怨恨，因此里脊肉的问题立刻被搁置了，他们之间再也没有提起过。从那以后，第二个水手的手臂就绑上了绷带，肿胀了起来，而且越来越严重。至于第三个水手，从这则寓言的开头到结尾，他是否摸到过猪肠的边儿，都是值得怀疑的。而坚持自己的想法的船舱侍者，为整头猪设了一个陷阱，但由于没有其他人帮助他，并且他是一个非常矮小的——尽管是机灵的——船舱侍者，所以这个陷阱软弱无力，它抓到的只是那个捕猎猪肠的人，他当时正在心神不定地乱逛。在这之后，他就从一个捕猎猪肠的人变成了捕猎船舱侍者的人，尽管船舱侍者很机灵，但他的生活却岌岌可危，令人不快，他睡得极不安稳，体会到了被误解的全部苦涩。

当最后一艘船来到普罗文德岛，带走了那三个人和船舱侍者时，那头猪仍然完好无损，而且相当快乐，但那四个遇难的可怜人都非常憔悴，因为在那个季节，贝类食物很少见，并且很难找到可食用的树根，但那头猪比他们聪明得多，它能找到并挖出树根，更不用说消化它们了。

从这则寓言可以看出，局部的事业并不一定比全面的事业更明智或更有希望。

同样，当我是那个微小但善于观察的船舱侍者时，我会持这样的主张，即这些局部重建的运动，都不具备其支持者所设想的应该具备的健全的共同意识。所有这些运动，如果能融入世界性的运动里，就会产生价值，而所有孤立进行的运动都将徒劳无功，它们会在总的潮流中被覆盖和牺牲。着眼于整头猪的策略是最好的、最理智的、最简单的，也是最有希望的，如果有足够多的有识之士能够认识到这一简单真理，并为之献出生命，那么人类就有可能实现超越我们目前梦想的文明的、有力量的和充实的生活。如果他们不这样做，挫折就会取得胜利，而战争、暴力，以及对时间、力量和欲望的愚蠢浪费——这甚至比战争更令人厌恶——将会成为我们种族的命运，世世代代走向衰弱而悲惨的结局。

因为如果我们人类的意志失败，任何救援船只都无法到达我们这个小小的星球。

十七

创造性家庭、社会团体和学校：理想意志的当下沉沦

人类社会始于家庭。聚居的自然史是一部人类和动物之间相互容忍的历史，以便一窝或一群动物就能聚集在一起，而不是四分五裂。正是在家庭中，形成了使人类社会得以可能的约束、纪律和自我牺牲，我们的基本喜好得以确立，也正是在家庭群体中，许多方面得到了发展，并且越来越能够回应集体社会的影响力，而我们的社会生活必须一代又一代地重新熟悉这种影响力。

现在，直到它形成自己的繁殖方法之前，在每一代人中，公开的密谋都必须是一个由聪明的拥护者组成的少数人运动。一个统一的进步的世界共同体，需要有它自己的家庭和培养模式，它需要在尽可能多的人的头脑中，牢固确立自己的基本概念，并保护其子女不受下列影响——旧的种族和民族仇恨与嫉妒、旧的迷信和不良心理习惯以及对生活的低级解释。从一开始，公开的密谋就在影响现有教育机制，但在很长一段时间里，它都发现自己在各级学校里，受到了来

自强大宗教和政治当局的挑战，这些当局决心让孩子们退回到他们父母逃离的地方，甚至退回到更落后的地方，公办学校的自由主义充其量只是一种妥协，各级学校最初就是传统和保守力量的传播者，时至今日，它们在本质上依然如此。

有组织的教学总是以引导、训练和指导思想为目的，并将始终如此。如何重建教育，使其成为一个解放而非束缚的过程，这个问题仍然有待解决。因此，在其斗争的早期阶段，公开的密谋将不得不为了其子女的利益，在家庭和社会生活中采取某种宗派主义，尝试新颖的教育方法和教育氛围，甚至在许多情况下，它不得不考虑将其家庭组合，并建立自己的学校。在许多现代社会中，例如在英语国家，人们仍然有建立教育公司、开办特殊类型学校的自由，每个不存在这种权利的国家，都必须为之奋斗。

公开的密谋的各个团体都肩负着一项伟大的任务，成功的学校，将成为新国立学校教育方法和模式的实验室。但在一段时间内，我们可能会下意识地希望，公开的密谋的孩子会成为社会精英，从他们第一次有意识萌芽起，他们就将在头脑清醒、言语清晰、行为坦率的人中间思考和交谈，如果把他们放回到心智模糊、道德混乱的同时代人中间学习，将是一种浪费和损失。因此，我们似乎可以预见到一个阶段，那就是为公开的密谋建立一个特殊的教育系统。它的孩子们将学会清晰而巧妙地说话、画画、思考和计算，他们充满活力的头脑将自然而轻松地接受历史、生物和机械发展等广泛的概念，这些概念是新世界的基础。与此同时，那些在公开的密谋不断发展的教育前沿之外成长起来的人，将永远不会受到其思想的充分影响，他们只有在与大量歪曲事实和精心灌输的偏见进行激烈斗争之后，才能掌握这些思想。开展青少年和成年人的教育运动，消除保守和反动的各级学校的偏见和意见，现在是且将长期是公开的密谋工作的重要组成部分。

从我记事起，老年人与年轻人之间就一直存在着争论和恶意的比较。年轻人认为老年人在掠夺和限制他们，而老年人则认为年轻人肤浅、令人失望、漫无目的，与他们记忆中自己早年的生活形成鲜明对比，当然，其记忆是经过修正的。在当今时代，这些常年不断的指责异常活跃。但是，无论是现在的老年人还是年轻人，他们比以往任何时候都更容易愚昧地生活，这一说法似乎也有些道理。例如说，在现今从基督教世界中出来的伟大现代社会中，人们普遍倾向于把星期天仅仅视为一个假日，然而这必定不是创建星期天的初衷，正如我们在前面的章节中已经提到的，星期天是一个专门解决生活中重大问题的日子。现在，许多人甚至不会装作留出一点时间，来处理生活中的重大问题。重大的问题被完全忽视了，教会也被忽视了，却没有任何团结或激励人心的东西来代替它们的位置。

当代的长辈对其晚辈说的话是完全正确的，在他自己的青年时代，每一次认真的冲动都没有被浪费。他没有被无数快乐但琐碎的诱惑所干扰，而当地的宗教力量，不管它们是什么，似乎更加相信自己，对他的良心和创造力的塑造也更加全面。现在，旧的信仰遭到破坏，名誉扫地，而新的和更伟大的信仰，也就是公开的密谋，才逐渐形成。十几年前，社会主义宣扬它充满自信的希望，爱国主义和帝国主义的骄傲也吸引着新兴青年日益庄严热情的意志。现在，民主正在"修正中"，曾经英勇挥舞的旗帜现在正散发着毒气，被鲜血和泥泞玷污，被暴露的不光彩所羞辱。年轻人总是这样，渴望对生活做出美好的诠释，渴望能够做出辉煌的决断，他们天生不喜欢浅薄和迷茫的生活，他们的需求一如既往地是："我该如何自处？"但今天，他们从孩童时代长大，来到了一个充斥着无情揭露和愤世嫉俗的世界，我们都对"热忱"有些羞愧。在过去的十年里，我们看到了年轻人那种羞涩而有力的理想主义，他们也许从未有过这样的茫然、沮丧和羞愧。该理想主义仍然在这个世界上存在，只是被蒙上了面纱，甚至隐藏在渺小的刺激和徒劳的、反叛的、堕落的旋涡中。

古老的旗帜和信仰已经失去了吸引年轻人智慧的魔力，它们再也不能指挥年轻人了，如果年轻人要重新找回自己的灵魂，就必须在公开的密谋所指向的伟大革命中找到它。

十八

公开的密谋的活动逐渐导向世界性控制和世界共同体：尝试的危险

我们现在已经在这些蓝图中勾画出了一些方法，通过这些方法，当今混乱的激进主义和建设性力量可以、能够，而且很可能将围绕现代化宗教情感的核心，凝聚在一起，形成一种伟大的、多样化的创造性努力。我们已经指出了一种方法，可以将这种努力从单纯的宣传运动和对当代军国主义的反对抗议，转变为在教育、经济和政治重建方面进行研究、宣传和实验的有组织的预演，以实现世界上许多人可望而不可即的渴求——世界和平。这些预演和重建将无视并超越当今的政治边界，随着事业进入尝试和执行阶段，它们将变得更加充实。因此，在一个又一个的阶段和一个又一个的节点上，公开的密谋将与维持这些边界的力量进行交锋。

而且，它将要超越的不仅仅是地形上的边界，公开的密谋还将消解并摒弃许多现有的行为限制和社会偏见。公开的密谋提出结束并展示了如何结束不发达、受教育程度低、受奴役、受剥削和受压抑的生活的庞大根基，迄今为止，世界上已知的文明都是建立在此根基之上的，而我们的大多数社会制度也是建立在此根基之上的。

只要有可能，公开的密谋就会通过启发和劝说来推进，而且它必须前进，甚至从一开始，在不允许它进行启发和劝说的地方，它就必须战斗。它的第一场战斗很可能是为了争取在世界明确传播其思想体系的权利。

我想，任何对既定政府是临时性机构的假设都带有一种叛国的味道，而任何对公认道德标准的批评都带有一种不道德的性质，此外，即便是在和平时期，反对战争征税和征兵的提议，也是对绝对忠诚观念的冒犯。但是，对变革和未来的预感激发了现代大西洋社群的智慧，在几代人的时间里，共同的思想自由不断得到扩大，因此，在任何一个英语社群或整个大英帝国，在斯堪的纳维亚国家，或在荷兰、瑞士、共和德国或法国等思想自由的国家，是否会严重抵制这些观点的传播和公开的密谋的早期组织，这是值得怀疑的。法国在战后的仓促岁月里，通过了一些压制性的立法，禁止讨论节育问题，或禁止对军国主义的反对意见，但这种对精神自由的限制完全违背了法国人清晰和开放的特质。实际上，玛格丽特[1]等作家已经有效地摒弃了这种限制，而且在法国，

---

[1] 玛格丽特（Victor Margueritte，1866—1942），法国小说家和剧作家。其作品经常涉及她那个时代的社会和政治问题，以直言不讳和有争议的观点而闻名，因此经常与所处时代的保守价值观和主流规范发生冲突。代表作《单身女郎》（*La Garçonne*）对妇女解放和性自由的探讨引起了巨大争议，在社会上掀起了关于女权主义和性别平等的讨论。——译注

不太可能有效地压制公开的密谋的开始。

这为我们提供了很大一部分关于现有文明世界的设想，在那里，人们的思想可能会被重新调整，以适应这样一种观念，即他们现有的政府是未来时代更大政府的受托人。可以想象，在这样的社会中，可能只需要进行一些小规模斗争、地方性抵制、激烈的公共争论、正常的立法障碍、社会压力和公开的政治活动，就可以实现和确立世界共同体的结构路线。警察、监狱、驱逐等手段，在大西洋社群高度文明的社会中，很难出现在这场争斗中，更不用说非法行为和战争了。但是，当这些手段被引入时，公开的密谋就必须尽其所能，充分利用其资源，拧成一股战斗力量，按照抵抗的路线组织起来。

不抵抗，将活动限制在道德劝说上，不属于公开的密谋的计划，在面对不择手段的反对时，创造性思想必须变得具有攻击性，必须明确他们的敌人并发起攻击。通过自己的组织，或通过赞同其思想的、政府的警察和军事力量，这场运动必然会发现自己正在为开放的道路、开放的边界、言论自由和受压迫地区的和平而战。公开的密谋建立在不限定国籍的基础上，它没有理由容忍有害的政府，因为它们在某块人类领土上保有自己的地盘。大西洋社群有能力将和平带给世界，并确保从地球一端到另一端的行动畅通无阻和言论自由，这是公开的密谋必须坚持的事实。只要英语国家、法国、德国、荷兰、瑞士、斯堪的纳维亚国家和苏联之间能够适当坦率地达成理解，并对公开的密谋的主张有共同的态度，他们彼此之间就可以停止武装对抗，并仍旧拥有足够的力量裁减世界各地的军备，尊重全人类的自由。等到全世界都同意，然后才对之进行平定和监管，这是非常迂腐的做法。

当今自由主义和激进主义思想中最相悖的因素，是它对高度发达的现代国家干涉欠稳定和欠发达地区事务的歧视，这种干涉行为被谴责是"帝国主义"，并被视为犯罪。在如今日渐衰败的国家竞争传统下，帝国主义可能以怪诞和危险的形式出现，但随着大西洋沿岸各国的合并，将治理不善和混乱地区置于世界控制之下的可能性和必要性都在增加。像1914—1918年那样的大战可能永远也不会发生了，人类的共同意识足以避免发生这种情况。但是，在人类面前，在世界各地的边疆，仍有许多实际的战争，在反对强盗，反对古老的忠诚和传统，这些战争到最后只不过是为抢劫和刁难勒索提供借口。公开的密谋的所有力量都将站在世界秩序一边，反对那种阻碍其臣民成为世界公民的地区独立。

然而，在公开的密谋的推动下，在这一意义深远的政治融合的广阔前景中，潜伏着无数的对立和不利的可能，就像在广阔而遥远的风景中未曾预料到的沟壑和灌木丛，我们不知道将会出现什么意想不到的深坑。公开的密谋者可能会意识到，他是一支正在前进中的胜利之师中的一员，但在战场上的某个角落里，他仍然发现自己寡不敌众。没有人能够预估反对世界统一的力量有多大，也没有人能够预见我们之间可能出现的分裂和混乱会有多严重。本书中的思想会在大多数文明国家中传播开来，而不会受到任何严重的抵制，但仍有一些国家的政府，将坚持表达这些思想的人视为在犯罪，并将他们送进监狱、折磨或处死，可是，这些思想必须被表达出来。

虽然公开的密谋不过是一场探讨，但它可能会因为被忽视而畅通无阻地传播开来，因为它对军国主义的抵抗主要是被动的，所以还能被容忍。但是，随着其知识和经验的积累，随着其组织变得更加有效和积极，随着它开始影响教育、社会习惯、商业发展，随着它开始接管社会组织，它不仅将调动自己的力量，而且将调动敌人的力量。各种利益集团会发现自己受到了它的制约和威胁，它很容易唤起人类最危险的大众情感——恐惧，它可能会以难以预料的方式，掀起一场我们目前无法想象的风暴。不流血地统治大西洋社群，可能只是一个思想家的自信梦想，而他的思想尚未受到直接挑战。

我们甚至不能保证共同的和平。在人类的道路上，另一场世界大战的风暴可能会席卷而来，甚至会在一段时间内带来比其前身更残酷的压迫和更严重的伤害。在这场风暴中，公开的密谋的脚手架和工棚可能受到猛烈的袭击，恢复进步几乎是一场毫无希望的斗争。

现代宗教中没有不必要的苦难，也没有刻意的殉道，如果我们能够轻松愉快地完成我们的工作，那就应该这样做，但我们不能因为无法轻松愉快地完成工作而逃避。一个和平与解放的世界，一个知识和力量无限增长的世界，这样的愿景值得我们不畏艰险去实现。既然在这个混乱的时代，我们活得不尽如人意，并且无论如何都会死亡，那么如果有必要，我们不妨为一个伟大的目标受苦受难和死去，而不是毫无意义地受苦和死去。自从人类开始努力以来，将愿景变为现实从来都不是一件容易的事情。世界共同体的建立必将付出代价——谁又知道这个代价是什么呢？——是辛劳、苦难和鲜血。

十九
未来世界共同体中的人类生活

通过我们的努力，公开的密谋为我们种族实现的新生活首先是一种解放的生活。

每个人都能从无休止劳作的压迫中解脱出来，人类经验中将不再有因众多传染病、营养失衡和成长失调所造成的痛苦。如今，快乐的时光是短暂的，很少有人能完全健康，但有朝一日，所有人都将感受到身体健康的兴奋。

人不仅可以摆脱自然的弊害，而且可以获得极大的自由，他的灵魂将不再纠结，不再被可怕的和非理性的恐惧所困扰，不再成为恶意冲动下的牺牲品。从出生起，他就会呼吸到甜美和慷慨的气息，并干净利落地使用他的双手和头脑。他的感觉、思考、视觉、味觉和听觉都会比现在的人更好，他的内心深处再也不会是一个暴动的洞穴，里面充斥着被虐待的压抑和在不理解情况下被压制的冲动。所有这些解放对他来说都是可能的，但是现在它们在他痛苦的欲望中消失了，它们躲避着他、嘲笑他，因为侥幸、混乱和肮脏主宰着他的生活。他失去了所有命运赋予的恩赐，仍然心怀疑惑和恐惧，我们中没有人能够内心清澈、自由且快乐，但是有朝一日大多数人都将这样，摆在人类面前的是健康且高尚的前景。

在公开的密谋为我们赢得的和平与自由中，所有这些我们现在无法实现的美好事物都可以得到保证。更庄严、更强大、更可爱、更长寿的人类，将学习和发展其命运中不断增长的可能性，这是第一次，这个世界的全部美丽将展现在人们从容不迫的双眼前。它的思想之于我们的思想，就像一个成人的思想之于一个孩童混乱的心理试验，我们所有最好的东西都将继续生活在那个更广阔的生命中，就像孩童时所尝试和学到的东西长大后仍然存在一样。当我们还是孩子的时候，我们不能像今天这样思考和感受，但今天我们可以回首往昔，仍然能回忆起那几乎被遗忘的十年里，一些无知、猜测和狂热的希望。

因此人类——我们自己仍然活着，但在未来会再次分散和重建，我们会满怀深情和理解地回忆起我们目前孤注一掷的希望和艰难的努力。

我们能在多大程度上预测未来的住所和方向、习惯和冒险、强大的工作、不断增长的知识和力量？就像一个拿着涂鸦纸和积木盒的孩子，无法描绘或模拟他成年后的事业一样。我们的战斗是针对残酷、愚蠢、沉重和可恶的事物，我们最终要摆脱这些东西，与其说我们是征服世界的胜利者，不如说我们是黎明时分从噩梦中醒来的眠者。从任何一个梦中，无论它多么凄惨和可怕，只要意识到这是一个梦，只要说"我将醒来"，就能逃脱。

公开的密谋使人类从一个噩梦中醒来，一个幼稚的噩梦，梦里是一场为生存而斗争的不可避免的战争。黎明的曙光掠过我们的眼睑，清晨的喧嚣声不绝于耳，总有一天，人们会坐在历史面前，或者坐在一堆旧报纸面前，难以置信地问："曾经有过这样一个世界吗？"

译后记

　　凭借科幻小说成名的作家赫伯特·威尔斯（H. G. Wells，1846—1946），62岁时创作了《公开的密谋》，1928年第一次出版时副标题为《世界革命的蓝图》，1931年修订再版，更名为《我们应该如何生活？》。

　　我们应该如何生活？这是每个人都关心的问题，特别是对于那些初出茅庐的年轻人而言，身处时代变革的路口，却惶惶无知茫然无措，知识思想浩瀚如海，却唯有跟随他人脚步亦步亦趋，行动是难的，于正确道路上行动更难。

　　威尔斯创作的科幻作品通常都会涉及科学和技术的发展对人类社会的影响，反映出他对人类进步和社会变革的深切关注。在本书中他也延续了这一关切，对20世纪人类世界的危机进行了深刻思考。他提出由于科学进步，受过教育和有影响力的人逐渐有了一种共同愿景——祈盼一个"政治、社会和经济统一"的世界，该愿景是"旨在实现世界和平、幸福和快乐的世界革命"的基础，"世界共同体"的建立需要"公开的密谋",它不仅是一个组织,一场世界性运动,更是一个所有向往新世界的人都应遵从的生活理念,需要各方的参与和帮助。

实际上,《公开的密谋》是威尔斯改造社会的尝试,是一个"推动并建立人类对命运的掌控,将其从目前的危险、不确定性和苦难中解救出来的计划",是其对世界秩序的最后陈述。《公开的密谋》探索了一种人类的生活方式,试图为人类未来的和平、自由、幸福指明道路,至于此路是荆棘丛生的荒野小道还是繁花似锦的康庄大道,只能靠读者自己判断了。

非常感谢北京第二外国语学院以及深圳市宝安区上星学校为我提供了良好的翻译环境,特别要感谢刘小枫老师和崔嵬老师于百忙之中给予本书翻译工作的宝贵指导。同时,译本的不足之处,也敬请各位读者批评指教。

刘桂芝
北京第二外国语学院文化与传播学院
深圳市宝安区上星学校
2022 年 11 月 12 日

威尔斯与世界大同主义

　　知识分子，或称智识人，是整个人类社会之中最为独特的一个群体；他们从未放弃过关于客观性与普遍性的追求，只是在现代智识人这里，追求的方向发生了改变。古典时期的哲人认识到"人是一种应该被超越的东西"，所以尼采还在坚持着关于"超人"的呼喊。尽管古典思想所追求的超越人世的方式有两种不同，即或为哲学的，或为宗教启示性的，但两种方式均认为追求智慧者应该实现对"人本身的超越"。现代智识人认为古典的那种超越，无论是哲学的，还是启示性的，均不存在，人的邪恶与无助不会因为有对超越性的追求而发生改变，属人的智识应只关注现实的成就。西方现代的科技成就似乎更证明了古典追求不如现代知识。

　　实际上，统一的罗马帝国灭亡之后，欧洲历经战乱之苦，至今仍未停息。[1] 各民族国家为了赢得欧洲内战的胜利，不断鼓励军工科技人士刷新技术。于是，世界发生了巨大的变化。人们对科技革新有了新的认知与感受，科技的进步给了现代人超乎寻常的优越感。现代人会自然地认为，科技比人文学科类的知识具有更大的普遍性及客观性。

为了在人文学科领域寻找类科学的普遍性与客观性，并推动人文学科领域实现现代化转变，有必要在人文学科领域实现变革，于是，实证主义应运而生。从表面上来看，实证主义精神是人文学科普遍化、客观化的表征，并进一步在人文学科领域实现量化的研究。然而，即便实证主义在19世纪已经产生了巨大影响，但它仍然没能实现世界大同，也无法阻挡世界大战的发生。现代人相信，科学战胜了信仰，或者说，哲学打败了宗教，然而，我们仍然没有据此赢得世界大同与永久和平。

一

人收获自身的理智，从而赢得关于自身的统治权，似乎不应算作僭政式统治，毕竟人统治的是自身。然而，在古典思想看来，人无法获得真正的智慧，人能实现正确的统治所凭靠的唯有机运而已。现代哲人认为，古典主义对人之理智

〔1〕 参西姆斯，《欧洲：1453年以来的争霸之途》，孟维瞻译，中信出版社，2015。

能力的认知过于悲观，经由历史的发展与变迁，人类的心智已经实现了从蛮荒到成熟的转变，成熟的标志就是实证主义的兴起。

实证主义经达朗贝尔（D'Alembert）的科学主义、杜尔哥（Turgot）的历史主义与孔多塞（Condorcet）的进步论，最终集大成于孔德。[1] 然而，实证主义的兴盛带来的并非永久的和平。美国政治观念史家沃格林（Eric Voegelin）敏锐地发现，现代政治人物在现代知识分子与哲人的影响之下，已经从心底里认为自己据有统治世界的智识与能力。[2]

既然我们的知识不再用于发现自身的无知与缺陷，那么传统的知识体系显然就需要改变了。古典形而上学与宗教信仰所追求的知识，既无法观察，更无法证实，具有虚无、缥缈、无用与错误的特性，唯有把知识建基于观察与实验之上，用经验性的事实替换过去不成熟的知识，人类才会迎来新的生命。

吊诡的是，人类科技的进步，并非缘于知识分子转变了探究的方向。熟悉欧洲历史的人都知道，罗马帝国的分裂使得各国武备竞赛加剧，由于现实军事需求所迫，欧洲各国的科技迅猛发展。在与德国海军潜艇的较量之中，数学家图灵

---

〔1〕 参沃格林，《政治观念史稿·卷八·危机和人的启示》，刘景联译，张培均校，华东师范大学出版社，2019，第88—165页。

〔2〕 沃格林，前揭，第167页。

发现了数字生活的奥秘。[1]

现代科技的迅猛发展更使得知识分子产生了征服自然、掌握世界的幻觉。若用英国作家、科幻小说之父威尔斯（H. G. Wells）在《公开的密谋》中的话来说，现代科技"消弭距离"，带来了古人所不曾知晓的便利。按此逻辑，现代科技的迅猛发展，定然会带来人类的全面繁荣，人人都能过上理性而富足的生活。但是，两次世界大战的阴霾还没有散去，新的战争又此起彼伏。科技只是让我们拥有了更厉害的杀人工具，却没有实现人类的永久和平与幸福。这是何故？现代科技的发展，现代知识体系的建立，未曾解决那个古老的政治命题——僭政的出现。或者说，原本价值无涉的科技为何会成为统治欲的帮凶？科技的发展为何会产生统治世界的政治图谋？

《公开的密谋》更好地体现了科学主义的政治图谋，为我们理解现代僭政提供了很好的帮助。作者威尔斯是与凡尔纳（Jules Verne）、根斯巴克（Hugo Gernsback）齐名的科幻小说家，预言了核武器、航天器、卫星电视及万维网等现代事物的诞生，奥尔迪斯（Brian Aldiss）称其为"科幻小说界的莎士比亚"。[2]威尔斯创作天分较高，1895年，年仅29岁的他便出版了第一部科幻小说《时间机器》（*The Time*

---

〔1〕 Cf. Chris Bernhardt, *Turing's Vision: The Birth of Computer Science,* MIT Press, 2017.

〔2〕 Cf. W. Warren Wagar, *H. G. Wells: Traversing Time*, Wesleyan University Press，2004, p. 7.

Machine），赢得广泛赞誉。从此以后，威尔斯走上了创作之路，这位郭沫若眼中"百科全书式的天才"[1]，笔耕不辍，著述颇丰。从1895年到1941年，共出版小说51部，发表短篇小说95篇，另有多篇散论及政论。

《公开的密谋》初版于1928年，当时威尔斯已年过六旬。1930年，该书再版之时，威尔斯添加了副标题《再版一个现代信念的更直白表达》（*A Second Version of this Faith of a Modern Man Made More Explicit and Plain*）。1931年，副标题再度发生变化——《我们应该如何生活？》（*What Are We to Do with Our Lives?*）。瓦格尔将《公开的密谋》与《独立宣言》相提并论，并认为该书论证了世界革命的新方向。[2]

全书分作十九小节，第一小节论述"目前人类事务的危机"，最后一小节论述"未来世界共同体中的人类生活"，中间十七小节的论述则是实现从"目前危机"到"未来生活"转变的具体步骤。在威尔斯看来，"目前的危机"来自科技的迅猛发展，通信的进步，交通的发达，"消弭距离"的现代科技缩小了人类的时间与空间感觉，而人类没有从这种现代科技之中获得应有的幸福，反而生活在疾病、纷争与痛苦之中。

"未来的生活"首先要借助科技手段实现人的健康，"摆

〔1〕 韦尔斯、赫胥黎，《生命之科学》，郭沫若译，广西师范大学出版社，2003，第1685页。
〔2〕 Cf. W. Warren Wagar, *The Open Conspiracy: H. G. Wells on World Revolution*, Praeger, 2001, p.1.

脱自然的弊害"，消除灵魂之中令人痛苦的欲望，最终实现人类的整体和平与自由。那是一个幸福的未来远景。威尔斯认为，"目前的苦痛、现实的革命与未来的幸福"构成了现代人类政治生活的基石。

威尔斯对人类幸福与未来的构想并非空穴来风。早在18世纪，孔多塞便以数学为根基，重新打造数学物理学、政治经济学以及其他现代理论，把人类幸福的实现从旧时的超尘世未来转移到现实生活之中，用可见的实证主义保障个人的各式权利与欲望。[1]个人的精神幸福"不需要拯救"[2]，他们凭靠自己的理性，为个人的权利与欲望谋利，是现代人相对古人的巨大精神进步。

"公开的密谋"是对孔多塞"精神进步"的继承。"密谋"是要针对过去的统治，后者追求缥缈、虚幻之物，不谋属人之利，理应抛弃。不仅如此，此"密谋"还须尽可能多地团结全世界认同人之理智之人，实现大同世界的建立。所以，这项"密谋"必然是"公开的"。由于文字的普及，"公开"的程度从古至今发生了巨大的变化。

古希腊时期，行吟诗人吟诵的内容"公开"程度最高。当哲人与诗人争夺关于民众的统治权时，哲人借助对诗人

---

[1] Cf. D. Williams, *Condorcet and Modernity*, Cambridge University Press, 2004, p. 283.

[2] 参沃格林，前揭，第164页。

的批判产生巨大的影响力，出现了智术师群体[1]，后果则是，诗人曾经教导的价值理念受到了挑战。哲人占据了诗人曾经占据的位置。古希腊肃剧诗人"公开"宣讲的是诸神的信仰，从而塑造诸神治下民众谦卑的政治行为习惯；智术师利用自然哲学塑造的是无知的无畏。古人觉得自然哲人讲述的道理，远比诗人正当。古典政治生活在自然哲人的攻击之下土崩瓦解。孔多塞用数学与实证主义打造的现代社会精神，与古典自然哲人异曲同工[2]，求知不再以自身突破知识的界限为荣，而是致力于削弱统治的权威：

> 世界上所有聪明人都开始意识到，仅仅因为不加批判地依附传统政府、传统经济生活观念和传统行为方式而处于危险、束缚和贫困中，是一种屈辱和荒谬，这些觉醒的聪明人必须首先提出抗议，然后以创造性的方式抵制那种正在扼杀和威胁我们的惰性。(《公开的密谋》第二小节)

哲人教导人反抗传统政府的统治，就像哲学反对诗作中的教诲一样。的确，哲学的教导高于诗人的陈述，然而哲学品质的获取需要长时间沉思。传统沉思生活以突破人类思维

---

[1] 相关研究的整理，可参张奎志，《西方历史上的"诗与哲学之争"》，人民文学出版社，2016。

[2] Cf. Keith Michael Baker, *Condorcet: From Natural Philosophy to Social Mathematics*, The University of Chicago Press, 1975.

与智识的局限为乐，但由于这条智识性的朝上之路对于普通人而言太枯燥，赢得的承认远不如对现行观念与政府的攻击广泛。[1]

现代智识人放弃了朝上的努力，像教会牧师一样开始以启示的形式向民众传递他们关于真理的追求，最终把知识性的探索转变成宗教性的教条。反抗政府的权威成为某种神圣的人类事业，过去需要秘密进行的谋反，现在可以公开地以教育、传媒的形式传播，于是"公开的密谋"成了现代信仰的表现形式。[2]理智的知识在通俗化为教条之后，同样沾染了宗教信仰的色彩，这便是理智知识本身的僭越。

二

在出版《公开的密谋》八年之前（1920年），威尔斯就出版了他的名著《世界史纲》(*The Outline of History*，已有多个中译本)，后来又写作了《生命之科学》和《人类的劳动、财富和幸福》，他认为这些内容相当清楚地表明了人类是如何为控制自己的思想而斗争的：

是如何在经历了巨大的争论之后，才能发现智力工

---

[1] Cf. John Hallowell, *Main Currents in Modern Political Thought,* Holt, 1950.

[2] 参沙甘，《现代信仰的诞生：从中世纪到启蒙运动的信仰与判断》，唐建清译，社会科学文献出版社，2020。

具的正确和有效使用方法的；是如何在实现对目前物质的掌握之前，学会避免陷入某些普遍的陷阱和误区的。（《公开的密谋》第三小节）

显然，威尔斯发现了语言与文字对于调整人们认知的重大作用。他撰写世界史，尝试用新的语言与观念来解释过去的事情。语言和文字成为他用来为"公开的密谋"服务的工具。既然古老的意义与价值已经消散，那么，现代人用自己的语言文字打造"属己之家"显得迫在眉睫。[1]现代性的创造性本质寓居于此：每个知识人都迫切地希望能在未来的创造之中，寻找属于自己的一种统一。"理性独立与写作自由"已经成为这类智识人眼中"人类根本性福祉之所在"。[2]未来主义者的理想是以现代写作的方式实现世界共通的进步，为大同主义世界的到来奠定根基。

文字的研究与写作成为现代人实现世界大同的方式，它们正是现代教育的重要组成部分。威尔斯认为，实现世界大同主义的根本方案是实现教育的革命，用一场轰轰烈烈的革命，取代旧有的、无聊的、空洞的与乏味的教育，使其成为一种可以影响所有民众的教育。教育要实现理性之人的价值创造，所有人均要在这种创造性中实现自身价值的完满，不

---

〔1〕 伯曼，《一切坚固的东西都烟消云散了——现代性体验》，徐大建、张辑译，商务印书馆，2003，第1页。

〔2〕 孔多塞，《人类精神进步史表纲要》，何兆武、何冰译，生活·读书·新知三联书店，1998，第245页。

仅参与"公开的密谋",还要实现理性生命的再创造。

由此,古老的宗教形态在新的教育影响之下发生了变异。正如威尔斯所述:

> 对服务,服从,永恒效力,从个体生命痛苦的琐碎和死亡中解脱出来的渴望,是每一个宗教体系中永恒的元素。(《公开的密谋》第五小节)

现代的教育要让人摆脱过往宗教的束缚,实现自身的理性自治。宗教的确应该直接告知人们,人应该如何生活。人们曾经把自己无法理解的事物交付给宗教来处理,用未到的希望和未来的承诺,制定自己如何生活的目标。由于个人的生活充斥着无知、混乱、破碎与偶然,人们渴望着用某种方式逃离自身狭隘而封闭的生活,摆脱个人身心欲望的折磨,为生命的意义找到依托点。[1]但现代的理性却要取代宗教,用对理性本身的信仰来赋予生命新的意义。

现代宗教信仰已经不再如古典信仰一样建基于整全而实在的地基之上,恰恰相反,现代的信念认为人类理智已经足够站立于命运的旋涡之上,从容应对危机,并且在对危机的体察之中,人重新迎获了自己,从虚无之中贴近了真实的存

---

[1] 参弗里斯比,《现代性的碎片:齐美尔、克拉考尔和本雅明作品中的现代性理论》,卢晖临、周怡、李林艳译,商务印书馆,2013。

在。[1]

威尔斯以为，个人的存在没有办法在现实中完成这一过程，唯有把自己的生命与"社会重建的伟大进程"相融合，并据此"塑造自己的行为"，"逃离狭隘封闭的生活"，最终获得"高尚的尊严和幸福"（《公开的密谋》第五小节）。在古典的世界里，寻觅生活的意义是古典哲人的永恒梦想；在现代，这个梦想成为每个人生命中的负担。当个人无法在纯哲学的思辨之中诠释生命的意义时，他们必然要把对社会的主宰列为体现自身智识能力的目标。现代性走向后现代性，旧时的国家形态失去了曾经的力量，社群开始成为破碎人生的最后港湾。[2]

新智识人把社会理解成"一个具备可计算、可预测特性的数学群体"，接着便使用人人可见的"智识计算"理解与改造这个社会。智识能力成为可见福祉的基础。无论是社会的进步，还是人类历史文明的进程，均由自然科学式的数学思维重新思考，拟定分析，做出预测。不仅如此，现代宗教已经不再指引人们在自身的精神之中寻找至乐的圣境，而是引导人们用理性的计算来认知并改造社会。人们开始把自身奉献给由理性计算出来的世界。

为了更好地改造世界，威尔斯开始了自己的独创性工

---

[1] 参吉莱斯皮，《现代性的神学起源》，张卜天译，湖南科学技术出版社，2012。

[2] 参德兰蒂，《现代性与后现代性：知识，权力与自我》，李瑞华译，商务印书馆，2012。

作，即写作普遍历史。他的作品《世界史纲》，可以历史地解释我们目前生活的基本格局；《生命之科学》则可以帮助我们理解自身的来龙去脉。那些未曾用这样的知识改造的社会当然就是落后的社会，是一个需要改造的社会。宗教不再是一种个人的信仰：

> 宗教从未被简单地表现为对一项全体事业的奉献，奉献始终存在于宗教中，但其他的因素使它复杂化了，在每一次宗教运动中，领导人都认为必须以历史和宇宙进化论的形式来阐明宗教的本质。(《公开的密谋》第五小节)

个人的信仰与追求已经转变成实现某种现实的不朽功业——这种功业的追求与古代僭主心态颇为相似。《公开的密谋》认为，这种普世性的改造，不仅理所应当，且完整而神圣，如同弥赛亚的降临一般，给予人们新的生命。智识理性的世俗化进程开启的是信仰的新时代。[1]个人对生命本身的恐惧被同质化的世界大同主义革命理想所掩盖，现代人有了崭新的生命激情。只是鲜有人注意到，现代人的生命激情之中残存的激进宗教情绪。

威尔斯称这种新的生命激情为"客观的宗教"，这种宗

---

〔1〕 Cf. Margaret C. Jacob, *The Secular Enlightenment*, Princeton University Press, 2019.

教形态使我们不用再逃避现实，而是以更加广阔、全面的视野来看待生命的历程，同时，将对现实生活的改造当作毕生的信念。改造世界，而非改造自身，也非提升自己的灵魂，这是现代宗教客观性之所在——如此这般的作为，也与古代僭主相似。

从表面上看，现代知识比古典知识有了更大的勇气面对自然界发生的一切，但从内涵上看，现代知识在面对生命的脆弱与无力时，却显现出一种逃避主义的情绪。他们不再把对知识限度的突破当作自己的首要任务，而是渴望以自然科学累积的方式克服对自然世界的陌生与恐惧。现代大同主义者的教育，并没有把坚韧的品格当作人文塑造的要务，而是用无限的现实功业来掩盖现代精神中的恐惧，结果便是现代知识人的教育远离了精神，传递着无尽的空虚与恐惧。世界大同的现代僭政，主宰着教育与文字传播，影响了现代精神。

三

现代知识人传递空虚与恐惧的同时，也在寻找克服或掩盖空虚与恐惧的方案。威尔斯认为我们应该追求的是"政治、社会和经济的统一"。各个独立的、单一的政府，即便有各式各样关于正义的宣传，但仍然无法实现真正的和平与正义，那种分裂的世界是不令人满意的，因为——

只有当存在一个统一的世界共同体，来阻止战争，

控制那些会导致战争的道德、生物和经济力量的损耗时，这个世界才是安全的和令人满意的。(《公开的密谋》第七小节)

威尔斯认为，人们对本国的服从恰恰是走向战争的根源。唯有打破地域的局限，才能"在一个多语言的世界里"，实现人类的永久和平。那些曾经唤起我们荣耀的政治元素，在威尔斯的眼里，成为世界统一的障碍。威尔斯觉得这些内容，或称这些政治的活动，应该受到"自由、公开和谨慎的批评"，最终淘汰那些"在总方向上疲软和令人不满意的东西"。我们的"密谋"是要推翻这些腐朽之事物，而之所以"公开"是因为腐朽的存在已是举世皆知：

　　公开的密谋，即取代、扩大或合并现有政治、经济和社会机构的世界性运动。……一种清晰的、冷静的、内在的批评是首要的必需品，是世界文明生生不息的精神，公开的密谋本质上正是这样一种批评，而将这种批评落实到工作现实中是公开的密谋的任务。(《公开的密谋》第七小节)

"公开的密谋"是以一种世界大同主义的标准，针对现行政府、现行生活方式展开批评，以促进现行政治朝向更好的标准发展。在现实的情形之中，并非所有人都能展开对现行政府的批评，这项独特的任务将由现代教育培养出来的现代知识分子承担——或许据此我们方能明白现代知识分子的某些不当激情来自何处。

威尔斯认为，宗教信仰的现代转换，使得建立"世界国"的努力成为"人类应该做"的事情。这与古典哲人把最好的城邦寄托于言辞之中不同，现代知识分子认为，至善的国度可以在现实生活中实现。为了这个伟大的目标，所有知识分子都应该团结起来，勠力拼搏，乃至不惜牺牲生命来完成这项神圣的任务。

古典哲人把最好的政治统治寄托于言辞之中，既不奢望在现实之中找到"福人岛"之类的所在，也不因为现实的破碎、邪恶而丧失希望。古典哲人维系着某种现实与理想之间的张力，因为古典哲人在对智慧的追求中陶然忘机，不需要现实的成就来填补内心的空虚；现代知识分子把这种对智慧的追求否定之后，突然觉得唯有在现实中实现政治图谋方能找到生命的意义。

在现实社会之中实现政治图谋的举动成为"恐惧者的实践"。恐惧的程度越深，他们的行动越是充满激情，比曾经的宗教激情更为狂热。威尔斯以为，宗教不会随着现代思想的产生而离去，而是会出现新的形态，他称这种形态为"新大陆宗教"。因为，我们现代人的生活仍需指引。这种指引既不会来自某个艺术化的"神人同形"的形象，也不会出自腐朽的教士之口，而是来自一种理智的判断：我们可以把过去的历史解释成某种进程的一部分，再根据这种过去的进程理解自己的现实状态，最终对未来的行为做出自己的判断。

在对"我们应该如何生活"这个宗教问题的解答之中，未来主义接续历史主义的思维历程，把理智的判断能力从过去接续到了未来。毕竟，自18世纪以来，我们已经开始使用自己的判断来决断自己的宗教选择，甚至这种判断的能力本身已经成为新的信仰。[1]

现代信仰的产生不是由于判断，反倒是由于悬置了判断。从某种意义上讲，现代思想的产生是皮浪主义（Pyrrhonist）的复兴。[2]曾经言之凿凿的信念在人类理智的判断面前，变成了错误的幻想，不再是生命意义值得信靠的对象，自此之后，人类的思想开启了悬置判断的阶段，不再有稳靠的根基。"启蒙"之前的时代全部的信念都建立在认知的流沙之上，他们只是选择相信那些他们并不理解的事物。现代思想拒绝那些不值得相信的事物，转而"相信"人类理智的判断能够决断生命。当蒙田开启怀疑时代时，后续的思想却坚定了对怀疑本身的信念，毕竟怀疑的能力恰好是不能怀疑的。[3]中世纪以及这之前所渴盼的那些超自然的、形而上的及永恒的事务，全都是人类幻想的产物，根本不可能存在，唯有人类的理解力能够为人类谋划真正的幸福。人类要从对永恒事物的渴望之中走出来，用自己的理智为自己

---

〔1〕 沙甘，前揭，第170页。

〔2〕 Cf. John Christian Laursen, *The Politics of Skepticism in the Ancients, Montaigne, Hume and Kant*, Brill, 1992.

〔3〕 Cf. Ann Hartle, *Michel de Montaigne: Accidental Philosopher*, Cambridge University Press, 2003.

谋幸福——相信缥缈的神明，还不如相信自己的理智。

"启蒙"后的现代宗教不再像古老的宗教那样，服务于自我的提升，灵魂的修炼，以及自我精神生活的自足，而是服务于他人，服务于可见的政治生活的提升，服务于在现实生活之中可见的利益。现代人的信念要从服务于他人的工作之中收取"获得承认"的幸福，这种幸福切实可感，不同于中世纪那些缥缈不可见的幸福。客观的信仰将收获可见的幸福，尽管幸福仍然是主观的感受。现代人把自己的幸福放在了尘世之中，而非如前人那样把幸福委托于他处。

"公开的密谋"本意上要消除的是国家的存在，建立大同世界。"建立一种世界秩序，消除……军国主义观念""打击"了人类"一切都好"的感觉（《公开的密谋》第十小节）。与古典性的超越不同，公开的密谋实现的超越并非人类精神至上的共同目标，而是要在某种程度上实现最大程度的共同性，以方便建设最大的世界共同体。

公开的密谋要建立世界性的共同体，唯有以最低的人类生存欲望为根基，并将之视为最神圣的奋斗目标，才能实现公开的密谋要建设的大同世界。当然，公开的密谋也不同于古典精神对于国家的超越，它不是要去寻找更高的存在，以蔑视尘世的功业，而是要以人性最低的共同点否定国家存在的合理性——凡与个人诉求相对立的管束均是不合理的。毕竟，在威尔斯笔下，更高的存在缥缈不可见，而人性最低的共同点却是实质性的存在。这种"否定至上存在，寻觅可见处所"的奋斗正是实证主义给予世界大同主义的内在品质。遗憾的是，世界大同主义者没有意识到实证主义创立者本身所遇到的精神困境。实证主义反形而上学、反神学的精神风向最终成为新的"人道教"的根基。实证主义走上了反神学的致圣化道路。

世界大同主义者要走上一条反对国家、对抗传统共同体的道路，他们认为对个人的完美化努力能实现对国家生活的脱离，这是走向幸福生活的根本道路。但与此同时，威尔斯也认识到，公开的密谋需要某种新型的共同体：

> 除了具体的工作之外，创新型的人发现他必须得与既定的事物保持一致，否则他的女眷们会被排斥，即使在成功的活动中，他也会被孤立的感觉所困扰。尤其他越是强烈地进行创新，就越没时间去寻找志同道合的人并组织新的社会生活。（《公开的密谋》第十一小节）

公开的密谋的参与者虽然已经有了世界大同主义的生活目标，却没有办法过上真正自足的生活。然而，否定国家的生活形态显然需要个人的完全自足。公开的密谋者所策划的世界大同以消除国家为目标，却没有预设个人的自足。

威尔斯批判了阶级之间的战争，认为那只是旧秩序的"自然传统"，"一种可悲的、愚蠢的、愤慨的对旧有傲慢的报复和反转，一种可怜的自大"。公开的密谋要追求超越阶级的内容，但同时，威尔斯发现：

> 普通人对杰出品质和新奇创举怀有本能的强烈嫉

妒，这些嫉妒可能会被组织起来，并转化为破坏和摧毁，伪装并渴望成为一种新的社会秩序，但这将是一条死胡同，而不是一条进步之路。我们对人类未来的希望，不在于群众心理和普世民主的歧视性规则。(《公开的密谋》第十一小节)

威尔斯已经察觉到了人身上所有的嫉妒本能，他认为这种情绪不会推动人的进步，反而会阻碍公开的密谋的实施。他认为公开的密谋所产生的创新不会再陷入关于嫉妒的人性怪圈。威尔斯自然地把公开的密谋的从事者放入了道德的高地，然后，再把阻碍这一事件的情况放入对立面。

古典哲人以为，人性之中的阴暗缺陷不会因为某种事业的成功而改变，唯有极少数人能在智识性的愉悦之中暂时遗忘人性中的邪恶。以威尔斯为代表的世界大同主义者认为，创新性的工作能忽略乃至战胜人性中的邪恶。换言之，只要参与世界大同事业，就已经登上了道德的高地，不再需要自我提升式的努力。在具体的生活之中，世界大同主义者已经解除了古典道德对人性的约束，铺设了一条人人均自视为"好人""真实之人"，乃至"高尚之人"的道路。他们占领了曾经只有极少数贤良方正之士拥有的位置。

四

世界大同主义者并没有因为威尔斯的科学主义而高枕无

忧。威尔斯认为，"工业化程度较低的民族"会对公开的密谋产生抵抗的情绪，这正是这些民族现代化不足、文明程度不够的反映。他批评了苏联、印度和日本的情况，认为这些地方显然是推行公开的密谋的阻碍。在这些地方，人们还不曾以可见的实在为判断政治生活的标准，仍然存在一些虚空的幻想。威尔斯以为，虚空的幻想才是僭政真正的根源。至于由于地缘政治环境所产生的人性差异、生活区别以及政治异化，均不在威尔斯的考虑范围之内。

对于威尔斯来说，过去的宗教生活与个人的沉思生活都是现代人无法忍受的；我们不能消极地逃避琐碎的日常生活，也不能——

退回到神秘的沉思和简朴的隐居中，要么——更困难、更绝望、更合理的做法——是把永恒问题的强大标准强加于众多短暂问题上，这些问题构成实际的生活事务。(《公开的密谋》第十三小节)

现代的公开的密谋者要找到另外的方式，怀抱着对世界秩序之梦，从而战胜生活中的无目的状态。公开的密谋者影响现代生活的方式便是借助于现代传媒的手段，利用文艺、新闻及现代活动来传播新世界秩序的理想，从而影响更多的人参与到现实生活的建设之中。威尔斯认为，个人参与到对美好世界秩序的建设之中，才能克服曾经的黑暗时代造成的人性悲剧。

人类宗教世界的分野，根源在于人本身受限于自身生活的环境，养成了狭隘的视野，所以在具体的政治生活之中，会形成不可避免的偏见，地缘政治学研究的意义正在于此。公开的密谋直接忽略这一点，试图直接实现世界的大同，决意要打开人们的眼界，养成世界性的眼光，超越地缘与国家的局限，据此摆脱极权主义。

科学正是服务于这样的目标，以此彻底治愈极权主义之疾。正是在这样的意义上，威尔斯认为科学会在这个世界产生巨大的作用：

> 考虑到科学的巨大贡献和对现代社会不可估量的价值，科学，即研究和科学知识的传播，却受到了极大的忽视、打压和敌对阻碍的威胁，这在很大程度上是因为科学工作没有强有力的统一组织，而科学工作本身也不能发展出这样的组织。（《公开的密谋》第十五小节）

正是因为这样，越来越多的科学主义者似乎掌握了与自己所在地域争斗的勇气。正因为此，我们可以见到现代西方知识分子群体与政府之间存在的张力，不会在短时间内消失。因为这一张力的背后体现的正是现代"世界性宗教"的巨大推动力。

科学知识与宗教形态有了奇怪的联姻。知识的基础为何，自古以来便是争论不休的哲学问题。社会科学的客观性是否存在，如何看待知识与权力的基本关系，这是从福柯到布尔迪厄都在关切的命题。从实证主义到后现代主义，再到世界主义的基本图谋，都存在着知识对宗教权利的某种僭越，毕竟古典知识只涉及少数人，而实证主义之后的西方知识体系却要掌控大众。[1]

现代知识掌控大众的方式，是以知识的传递为契机，向大众许诺一个更加完美的现实世界。[2]在这一点上，现代知识与传统宗教的情绪基本相同，但不同的是，现代知识指引之下的大众，更容易与当地的政治管理形成尖锐的冲突，最终走向无政府主义。[3]威尔斯还在书中希望有识之士"能够认识到这一简单真理，并为之献出生命"(《公开的密谋》第十六小节)，将"现代化宗教情感的核心""凝聚在一起"(《公开的密谋》第十八小节)，创造某种前所未有的伟业。可怕的是，我们的知识分子还没有意识到这种现代激进宗教情绪背后存在的巨大危险……本书的出版，或许能让我们发现现代知识背后存在的问题。

崔崟

北京第二外国语学院

---

〔1〕 李伟侠，《知识与权力：对科学主义的反思》，扬智出版社，2005。

〔2〕 平克，《当下的启蒙：为理性、科学、人文主义和进步辩护》，侯新智、欧阳明亮、魏薇译，浙江人民出版社，2018。

〔3〕 费耶阿本德，《无根基的知识：知识、科学与相对主义》，陈健译，江苏人民出版社，2006。

"经典与解释"三联丛编
已出书目

《大地的法》与现代国际政治

　　刘小枫　编

反爱弥儿

　　［意］H. S. 热尔迪　著

　　李小均　仲冬　译

公开的密谋

　　［英］赫伯特·乔治·威尔斯　著

　　刘桂芝　译

德国知识分子批判

　　［德］胡果·巴尔　著

　　曹旸　译